# 二曹诗文译注与鉴赏

## 曹操卷

曹文益 编著

时代出版传媒股份有限公司
安徽人民出版社

**图书在版编目(CIP)数据**

三曹诗文译注与鉴赏. 曹操卷 / 曹文益编著. -- 合肥:安徽人民出版社,
2025. 1. -- ISBN 978-7-212-11759-7

Ⅰ. I206.361

中国国家版本馆 CIP 数据核字第 2024124UQ3 号

三曹诗文译注与鉴赏　曹操卷

SANCAO SHIWEN YIZHU YU JIANSHANG CAOCAO JUAN

曹文益　编著

**责任编辑:**肖　琴　李　莉　　　　　　　**责任印制:**董　亮
**装帧设计:**陈　爽

**出版发行:**安徽人民出版社 http://www.ahpeople.com
**地　　址:**合肥市政务文化新区翡翠路 1118 号出版传媒广场八楼
**邮　　编:**230071
**电　　话:**0551 - 63533259
**印　　制:**安徽联众印刷有限公司

**开本:**710mm×1010mm　　　1/16　　　　**印张:**9　　　　**字数:**90 千
**版次:**2025 年 1 月第 1 版　　　　2025 年 1 月第 1 次印刷

ISBN 978 - 7 - 212 - 11759 - 7　　　　　　**定价:**38.00 元

# 序　言

　　东汉末年，天下大乱。汉灵帝死，何太后临朝，何太后弟大将军何进把持朝政。为了争夺朝廷的控制权，外戚和宦官两大集团互相倾轧，殊死搏斗。外戚和宦官集团两败俱伤后，军阀董卓乘机把持了朝政。董卓专权，强迫洛阳地区百万以上人民迁往长安，洛阳二百里以内官房民居全部被烧光，沿路无数人死亡。以董卓为首的豪强占据洛阳以西的地区，以袁绍为首的豪强占据洛阳以东的地区，其他大大小小的豪强也割据一方，各种势力相互间展开了旷日持久的厮杀。与此同时，无法生存的百姓被迫揭竿而起，大大小小的起义数十起。黄巾军声势最大，其中一支有数十万人。军阀豪强又对起义军展开残酷镇压。赤壁之战前的差不多二十年，中国境内，特别是黄河流域战乱频繁，民不聊生。两汉四百年积累起来的财富丧失殆尽，生产受到极大的破坏，人民陷入深重的灾难。华夏大地，"出门无所见，白骨蔽平原"（东汉·王粲《七哀》）。

"国家不幸诗家幸。"（清·赵翼《题遗山诗》）乱世出英雄，乱世也出诗人。东汉末年，文士被时代的风云裹挟，不得不脱离原有的人生轨迹，寻找新的人生道路。一些文士以手中的笔写诗作赋，描写动荡的时代，抒发悲愤的情绪，表达宏伟的理想。而社会的巨大变动也引起了社会意识形态的变化。汉武帝以后罢黜百家、独尊儒术的局面开始动摇，名、法、兵、纵横家各派思想有不同程度的发展，文化思想界呈现自由开放的趋势，这些新气象为有时代特色、有生命力的文学作品的出现提供了条件。

东汉末年建安时期是中国文学发展的重要时期，由于社会变动和社会思想的变化，建安文学呈现百花齐放的崭新面貌。这一时期的文学以魏国为主，吴、蜀有影响的作家和作品很少。曹操是汉末杰出的政治家、军事家和文学家，凭借他的地位，"外定武功，内兴文学"（晋·陈寿《三国志·荀彧》注引《彧别传》）。曹操广泛地招揽文士，"建安七子"中，除年岁较大、政治观点和曹操不合的孔融之外，王粲、陈琳等六人都集合在曹操的麾下。他们在政治上是曹氏父子的幕僚，在文学上是曹氏父子的文友。他们都有一定的抱负，希望依靠曹氏父子干一番事业。他们的作品反映了动乱的社会现实，表达了建功立业的理想，具有鲜明的时代特色，在建安文学中占有一定的位置。与"七子"齐名的女诗人蔡琰，即蔡文姬，在南匈奴滞留十二年，为胡人妻，被曹操赎回，回国后嫁董祀。蔡琰有《悲愤诗》等作品问世。

文学的发展，除了受社会因素的影响，自身也不断进步和丰富。汉末文学基本上与儒学分开，成为一部分文士的一种专业。建安时期文士的地位有了一定提高，文学的意义受到更高的评价。当时评论作家、作品的风气盛行，文学出现了自觉的精神。文学批评又促进了文学的发展。当时的文学体裁主要是五言诗、赋和散文。建安文士的五言诗是在民谣和东汉乐府的影响下产生和发展的。东汉文人的五言诗，譬如《古诗十九首》对建安文士的影响也不小。建安五言诗文质并茂，呈现了"五言腾踊"（南朝·刘勰《文心雕龙·明诗》）的新局面。建安时期的赋也有很大进步。建安文士厌弃铺张堆砌的大赋体，别创了抒情小赋。这种新赋体语言清新，篇幅短小，用典较少，极富抒情意味，在汉赋外另辟新的境界。建安散文摆脱了以歌颂帝王功德为目的的俗套，写实在的事，抒真挚的情。即便是令、表和书信，也运用抒情、叙事或议论，自由通脱，生动活泼。

建安时期的作品深刻地反映了社会的动乱、民众的苦难和军旅生活的艰辛，歌唱了统一天下的理想和抱负，抒发了建功立业、扬名后世的积极进取的精神，流露了人生短暂、壮志难酬的悲愤情绪，具有鲜明的时代特征。《文心雕龙·时序》称建安作品："雅好慷慨，良由世积乱离，风衰俗怨，并志深而笔长，故梗概而多气也。"建安文学这种慷慨悲凉、雄健深沉的风格，被后世称为"建安风骨"。建安时期是文学的新时代，建安文学是中国文学史上第一次由文人掀起的诗歌高潮。建安文学对后世文学的发展影响深远。李白、杜甫都欣赏并取法建安风骨，建安风骨成为影响盛唐文学发展的重要力量。

建安文学作家数以百计，最杰出的有"三曹""七子"和蔡琰，其中领军人物是"三曹"，即曹操和其子曹丕、曹植。"三曹"不仅是建安文学的倡导者和组织者，而且自身也是优秀的作家。他们作品的风格体现了建安风骨的全部内涵。现存的建安时期的诗赋三百多篇，其中"三曹"作品约占一半。阅读和研究建安作品，"三曹"作品应是重要部分。

曹操（155—220），字孟德，沛国谯县（今安徽亳州）人。他的父亲曹嵩是汉桓帝时宦官曹腾的养子。曹腾为中常侍大长秋，封费亭侯。曹操的父亲曹嵩究竟从谁家过继来的，《三国志》说"莫能审其生出本末"，吴国人作的《曹瞒传》说曹嵩是夏侯氏的儿子、夏侯惇的叔父，曹操与夏侯惇是从兄弟。《三国演义》把曹操写成一代枭雄，受其影响，历来很多人宁愿相信《曹瞒传》的说法。2013 年 11 月，复旦大学历史学和人类学课题组公布的科研成果确定了曹操的来处。这项成果表明：通过研究当代超千例曹姓后人 DNA，发现族谱中称曹操为先祖的九支中有七支后人的 DNA 含有相同 y 染色体基因突变点，再对比曹操叔祖父曹鼎墓中牙齿的 DNA，确定该突变点为曹操家族 DNA 固有突变点。学者们又对夏侯家族的基因进行分析，发现曹嵩、曹操父子与夏侯家族没有任何血缘关系。由此可知，按照当时领养承宗原则，曹操的父亲曹嵩是从曹氏本宗他房过继而来。当然，曹操的血统一定属曹氏。

曹操少机警好学，二十岁举孝廉，任洛阳北部尉，执法不避豪强，二十三岁迁升为顿丘令，征拜议郎。后来，在讨伐董卓的战争中，曹操逐步扩大了军事力量。初平三年（192），曹操为兖州牧，追黄巾军至济北，黄巾军败降。曹操受降卒三十余万，收编其精锐者，号为"青州兵"。建安元年（196），曹操迎汉献帝都许（今河南许昌东），自此"奉天子以令不臣"（晋·陈寿《三国志·毛玠》）。建安五年（200），在官渡之战中，曹操击败了当时最大的割据势力袁绍，不久统一了中国的北方，成为北方的实际统治者。曹操用人唯才，广泛地任用中下层有为人士，抑制豪强，加强了中央集权。曹操实行屯田，兴修水利，对恢复生产、发展经济起到了积极作用。建安十三年（208），曹操为丞相，十八年（213）封魏公，二十一年（216）进爵魏王。曹操去世后，曹丕代汉称帝，追尊曹操为太祖武皇帝，史称"魏武帝"。

曹操不但是一位杰出的政治家和军事家，而且是一位杰出的文学家。曹操一生酷爱文学，以诗书为伴。治理国家时，他"既总庶政，兼览儒林，躬著雅颂，被之琴瑟"（清·丁晏《曹集诠评》卷十）；驰骋疆场时，他"御军三十余年，手不舍书，昼则讲武策，夜则思经传，登高必赋，及造新诗，被之管弦，皆成乐章"（晋·陈寿《三国志·武帝纪》注引《魏书》）。

曹操多才多艺，十分爱好音乐，"倡优在侧，常以日达夕"（北齐·魏收《魏书》）。曹操写诗，就是为乐府制作歌辞。因此，曹操的诗纯属汉音。曹操现存诗二十多首，这些诗全部都是沿用汉乐府旧题而作，然而，并没有因袭旧辞的古意，而是继承了汉乐府缘事而发的精神，反映现实中鲜活的内容，抒发诗人的真情实感。

　　曹操的一部分诗反映了汉末动乱的社会现实。汉灵帝死，昏聩的大将军何进谋诛宦官，密召军阀董卓入朝。宦官既除，董卓专权。董卓杀少帝，立献帝，迁都长安，洛阳被焚烧，百姓被迫西迁。《薤露行》就描写了这一段历史。汉末皇权旁落、天下大乱就是从这个时候开始的。政治家、军事家曹操对社会有深刻的洞察力，对历史节点的认识十分准确。《蒿里行》是《薤露行》的姊妹篇，写关东州郡首领联合起来讨伐董卓及内部分裂厮杀的情形以及动乱给人民带来的灾难。"铠甲生虮虱，万姓以死亡。白骨露於野，千里无鸡鸣。生民百遗一，念之断人肠。"动乱中百姓受的伤害最大，不论在军还是为民，想活下来都是奢望。这就是动乱中的众生。这两首诗既有宏大的叙事，又有细致的描述，堪称史诗。

　　曹操的一部分诗反映了汉末动乱中行军的征戍生活。《苦寒行》写征讨高幹行军途中的艰苦。"北上太行山，艰哉何巍巍"，写太行山高大险峻，军队攀越极其困难。这首诗前面写太行山恶劣的自然环境造成的行军中的五种艰苦，这两句诗是写一种艰苦。诗的后面写因物资匮乏造成的四种艰苦。其一是"水深桥梁绝，中路正徘徊"，写深水拦路，修桥又缺少材料，想要过去，艰苦可想而知。《却东西门行》写征夫的怀乡之情。征夫之所以怀乡，因为征途生活永无休止。诗中写道："戎马不解鞍，铠甲不离傍。冉冉老将至，何时反故乡？"

　　曹操的一部分诗表现了理想中的太平盛世。如《度关山》："世叹伯夷，欲以厉俗。侈恶之大，俭为共德。许由推让，岂有讼曲？兼爱尚同，疏者为戚。"这里写世人以伯夷为榜样移风易俗，强调节俭为大德，赞扬许由推让不入世的精神境界。诗人借赞扬儒家以民为本、天下大同的思想和墨家人人相爱的理念表达自己的政治理想。《对酒》则直接描绘了一幅美好的社会图画。诗的开篇写道："对酒歌，太平时，吏不呼门。王者贤且明，宰相股肱皆忠良。咸礼让，民无所争讼。"这里描写了官吏执政为民、百姓和睦相处的景象。该诗中接下来又写了太平盛世庄稼丰收、百姓丰衣足食、官府爱民、百姓遵纪守法以及全社会都和谐安宁的景象。全诗充分表现了曹操理想中的太平盛世。

曹操的一部分诗表现了统一天下的雄心和顽强的进取精神。曹操在官渡之战中打败了袁绍，袁绍死后他的几个儿子逃到乌桓，和乌桓勾结，成为北方最大隐患。曹操挥师历经千难万险，击败了乌桓。此时，曹操对统一天下信心更足，归途中写下了《步出夏门行》五首，其一是千古绝唱《观沧海》。诗的前八句写大海苍茫的实景，接着写道："日月之行，若出其中；星汉灿烂，若出其里。幸甚至哉！歌以咏志。"诗人由眼前的实景想象出更加灿烂雄伟的景象，借此表明诗人具有大海般的胸怀。《步出夏门行》中另一首《龟虽寿》写道："老骥伏枥，志在千里；烈士暮年，壮心不已。"这四句直接表现了诗人年纪虽大胸怀却更加豪壮。《短歌行》主要写诗人为了成就一番事业如何求贤若渴，最后写道："山不厌高，海不厌深。周公吐哺，天下归心。"诗中认为招纳人才多多益善，并表明诗人礼贤下士广揽人才以完成统一大业的宏伟抱负。

曹操首先是一位政治家，然后才是一位诗人。作为杰出的政治家，他具有敏锐的洞察力和坚定的自信心，创作诗歌时，缘事而发，有什么就说什么，不假雕饰，在语言表达上显示出十分本色的特征。曹操是一位乱世英雄，他的经历波澜壮阔，他那昂扬的气概、百折不挠的精神、愤慨不平的情绪，形成了他的诗作特有的风格。钟嵘说："曹公古直，甚有悲凉之句。"（《诗品》卷下）这个评价十分中肯。曹操现存的二十多首诗，四言诗、五言诗、杂言诗数量约各占三分之一，其中四言诗成就最大。前面提到的《短歌行》《度关山》《观沧海》《龟虽寿》都是四言诗的名篇。《诗经》以后，曹操的四言诗号称独步，对后世四言诗创作影响很大。

曹操不仅是杰出的诗人，还是优秀的散文家，他的散文也十分出色。曹操存世散文一百五十篇左右，其体裁包括表、书、令等，全是应用文。曹操写这些文章，不是为了写文章而写文章，而是为了解决一些实际问题。因此，他写文章不受当时文人写文章讲究骈俪、追求辞采的影响。又由于他身居高位，写文章和说话一样，不必有所顾忌，心里想说什么就写什么，加之他豪爽的性格、喜怒鲜明的诗人气质，所写文章就形成了通脱与清峻的风格，曹操也就不经意成了"改造文章的祖师"（鲁迅《魏晋风度及文章与药及酒之关系》）。曹操在《让县自明本志令》中说："设使国家无有孤，不知当几人称帝，几人称王。"这句非曹公不能说的大实话，为历代文人所称道。曹操的散文风格体现了建安散文的新风貌，对魏晋散文的发展产生了良好的影响。

# 目　录
## CONTENTS

诗选

# 度关山<sup>①</sup>

天地间，人为贵。<sup>②</sup>

立君牧民，为之轨则。<sup>③</sup>

车辙马迹，经纬四极。<sup>④</sup>

黜陟幽明，黎庶繁息。<sup>⑤</sup>

於铄贤圣，总统邦域。<sup>⑥</sup>

封建五爵，井田刑狱。<sup>⑦</sup>

有燔丹书，无普赦赎。<sup>⑧</sup>

皋陶甫侯，何有失职？<sup>⑨</sup>

嗟哉后世，改制易律。<sup>⑩</sup>

劳民为君，役赋其力。<sup>⑪</sup>

舜漆食器，畔者十国。<sup>⑫</sup>

不及唐尧，采椽不斫。<sup>⑬</sup>

世叹伯夷，欲以厉俗。<sup>⑭</sup>

侈恶之大，俭为共德。<sup>⑮</sup>

许由推让，岂有讼曲？⑯

兼爱尚同，疏者为戚。⑰

## 【译注】

①乐府旧题，属《相和歌辞·相和曲》。曹操的歌辞言人君应该节俭、守法、爱民，表达了自己的政治理想。

②〔天地间，人为贵。〕普天之下万物中，唯有人是最宝贵。

③〔立君牧民，为之轨则。〕设立君王管理百姓，成为世上正常规矩置众法则。牧民，统治人民，管理人民。古时候，把官吏统治人民比作牧民放养牲畜。《管子·牧民》："凡有地牧民者，务在四时，守在仓廪。"轨则，法度，准则。《史记·律书》："王者制事立法，物度轨则，壹禀于六律，六律为万事根本焉。"

④〔车辙（zhé）马迹，经纬四极。〕御驾车痕马蹄印，纵横南北东西方。经纬，纺织品线纵为"经"，横为"纬"；道路纵为"经"，横为"纬"。这里作动词用，意纵横。四极，东、西、南、北方很远的地方。这两句的意思是，帝王巡游的马车到过国家许多地方。

⑤〔黜陟（chù zhì）幽明，黎庶繁息。〕贬退庸人提贤才，百姓生息得繁衍。黜陟，指人才的退进，官吏的降升。幽明，这里分别指昏庸无能之辈和德才兼备的人。黎庶，百

姓。繁息，繁衍生息。这两句的意思是，由于赏罚分明、用人得当，各级官吏都是贤明能干的人，爱民如子，依法办事，百姓能过上好日子，得以休养生息。

⑥〔於铄（wū shuò）贤圣，总统邦域。〕伟哉贤圣之君王，总管国家之疆域。於铄，赞美之词。铄，美好之意。总统，总管。邦域，国境，邦国疆域。

⑦〔封建五爵（jué），井田刑狱。〕封侯建国分五等，实行井田施刑罚。封建，封侯建国。王者分封诸侯，把一定的土地分给诸侯，让他们在指定的土地上建立诸侯国。五爵，五等爵位，即公、侯、伯、子、男。井田，相传为商周时期的一种土地制度，因土地划分为"井"字形，故名。具体是指把每方里（长、宽各一里的面积）的土地分为九块，每块为一百亩，中间一块为公田，其余八块为私田。将私田分给八户人家耕种，公田由八户助耕，收获归统治者所得，公田农事毕方能种私田。这里的"井田"，是实行井田制度的意思。刑狱，指实施刑罚。

⑧〔有燔（fán）丹书，无普赦赎。〕宁烧丹书废刑罚，不容滥赦与滥赎。燔，焚烧。丹书，古时用朱笔书写的罪犯名册。普，普遍。赦赎，赦免和赎罪。

⑨〔皋陶（gāo yáo）甫侯，何有失职？〕舜时皋陶周时甫侯，作为狱官何错之有？皋陶，亦作皋繇，人名，相传为古代舜时掌管刑法的官。甫侯，周穆王时任司寇，掌管刑狱、纠察。

⑩〔嗟（jiē）哉后世，改制易律。〕可叹后代统治者，改变制度和法律。嗟哉，叹词。

⑪〔劳民为君，役赋其力。〕使民劳苦为国君，劳役、赋税倾其力。劳民，使人民劳苦。役赋，劳役、赋税，这里作动词用，服劳役，交赋税。

⑫〔舜漆食器，畔（pàn）者十国。〕虞舜餐具涂上漆，叛离诸侯有十国。舜，传说中父系氏族社会后期部落联盟领袖，姚姓，号有虞氏，史称"虞舜"。畔，通"叛"，背叛。

⑬〔不及唐尧，采椽（chuán）不斫（zhuó）。〕不及唐尧尚节约，柞木作椽不用削。唐尧，传说中父系氏族社会后期部落联盟领袖，号陶唐氏，史称"唐尧"。采椽，用柞木作屋椽。采，同"棌"，柞木。椽，放在屋梁上的木条，以托起屋顶。斫，用刀斧砍削。

⑭〔世叹伯（bó）夷，欲以厉俗。〕世人赞叹古伯夷，希望以此劝世俗。叹，赞叹，赞美。伯夷，商代末年孤竹君长子，墨胎氏，名允，字公信。孤竹君立伯夷弟叔齐为君，孤竹君死后，叔齐让位，伯夷不受，两人一起投奔周文王。路遇周武王伐纣，伯夷、叔齐劝谏。武王灭商后，兄弟二人隐居首阳山，不食周粟而死。厉俗，激励世俗。厉，劝勉。

⑮〔侈恶之大，俭为共德。〕奢侈乃是恶之首，节俭当为最大德。《左传·庄公二十四年》："俭，德之共也；侈，恶之大也。"共，共同，总共，这里是最大的意思。

⑯〔许由推让，岂有讼（sòng）曲？〕许由推让坐天下，

难道需要辩曲直？许由，相传尧要把君位让给他，他逃到箕山下，农耕而食。尧又请他做九州长官，他到颍水边洗耳，表示不愿意听闻。讼曲，争辩曲直。

⑰〔兼爱尚同，疏者为戚。〕做到兼爱与尚同，疏远之人成近亲。兼爱，指同时爱不同的人或事物，春秋、战国之际，墨子提倡的一种伦理学说，主张爱无差别等级，不分亲疏远近。尚同，墨子的政治思想，主张地位居下的人要服从地位居上的人，家君服从国君，国君服从天子，从而达到"一同天下之义"的治世。戚，近亲。

## 【鉴赏】

东汉末年社会的巨大变化必然引起社会思想、政治观念的变化，自汉武帝以后，儒家思想一直占汉代的统治地位。此时，适应社会现实的需要，道、法、墨、兵、纵横家等思想都有不同程度的发展，思想界呈现出前所未有的自由开放的趋势。思想是行动的指南，曹操是杰出的政治家、军事家、文学家，当有自己的思想。曹操诗文里的思想，以崇尚儒家学说为主，同时也包含法家、墨家等学派的思想。《度关山》一诗集中地体现了曹操的政治理想。

全诗三十二句可分为四个部分。"天地"八句为第一部分，写人君的本分。首先开宗明义强调"天地间，人为贵"，体现了儒家的民本思想。接着写人君的职责是"牧民"，"为之轨则"。最后指出人君应退庸才，提贤明，使百姓得以休养生息。"於铄"八句为第二部分，写贤圣之君能尽人君之责。首先指出贤圣之君必须"总统邦域"，对国境之内的大事都要负责，都要管。接着说，光靠自己不行，应当封侯建国，让诸侯国推行正确的制度和法律。最后说，做到这些，社会就安定，没有人犯罪，执法的人就无事可干。"嗟哉"八句为第三部分，写后世之君不能尽人君之责。先写后世之君"改制易律"，再写"劳民为君"，最后写虞舜为什么不及唐尧。"世叹"八句为第四部分，写诗人自己的政治理想。先写世人以伯夷为榜样，变风改俗，接着写新的风尚是"侈恶之大，俭为共德"。接着写人到了超凡脱俗，岂止是生活节俭，连同执掌天下也推让。最后写理想社会是"兼爱尚同，疏者为戚"。这一部分既表达了儒家以民为本、天下大同的思想，也表达了墨家理想社会人人相爱的最高境界。

《度关山》在表现手法上运用了对比。第二部分从正面写古代贤圣之君所为，第三部分从反面写后世之君所为，进行对比。古代贤圣之君责任感很强，"总统邦域"；而后世之君责任感很差，"改制易律"。古代贤圣之君，积极有为，"封建五爵，井田刑狱"；而后世之君，消极乱为，"劳民为君，役赋其力"。第三部分拿虞舜和唐尧对比。虞舜生活不节俭，"漆食器"；唐尧生活节俭，"采椽不斫"。前后多处对比，不仅鲜明突出地表达了诗人的政治理想，而且显示诗句"莽莽有古气"（清·陈祚明《采菽堂古诗选》）。

# 薤露行①

惟汉廿二世，所任诚不良。②
沐猴而冠带，知小而谋强。③
犹豫不敢断，因狩执君王。④
白虹为贯日，己亦先受殃。⑤
贼臣持国柄，杀主灭宇京。⑥
荡覆帝基业，宗庙以燔丧。⑦
播越西迁移，号泣而且行。⑧
瞻彼洛城郭，微子为哀伤。⑨

## 【译注】

①与下一首《蒿里行》都是乐府古诗题，属《相和歌辞·相和曲》，原歌辞均为送葬时唱的挽歌，前者送王公贵族，后者送士大夫、庶人。行，古诗的一种体裁。《薤露行》

原歌辞说人生短暂，如同薤上的露水容易消失。薤（xiè），一种多年生草本植物，叶子细长，花紫色。诗人借乐府诗古题写时事，内容与原歌辞无关。这首诗主要写大臣何进昏聩无能，召董卓进宫，引狼入室，祸国殃民。汉中平六年（189），汉灵帝卒，皇子刘辩即位，何太后弟大将军何进秉政，召董卓等引兵入京胁太后诛宦官。何进谋泄，被中常侍张让、段珪所杀。董卓引兵进宫，废刘辩为弘农王，立陈留王刘协为帝（献帝）。第二年，关东州郡皆起兵讨董卓，董卓挟献帝迁都长安，焚烧洛阳城，二百里内室家荡尽。

②〔惟汉廿二世，所任诚不良。〕汉朝帝王二十二代，所用大臣（何进）真不好。惟，句首语气助词。二十二世，指任用何进的汉灵帝。从汉高祖刘邦到汉灵帝为二十二世。

③〔沐猴而冠（guàn）带，知（zhì）小而谋强。〕猕猴戴帽穿衣服，智小硬干大事情。沐猴，猕猴。冠带，戴帽子系腰带。知，通"智"。谋，谋划。强，这里指何进这样才疏学浅的人却自不量力地去谋划诛杀宦官的大事。

④〔犹豫不敢断，因狩（shòu）执君王。〕临事犹豫不果断，幼帝被挟出皇宫。狩，巡狩，帝王离开国都外出巡视境内，这里是天子被胁迫出逃的隐讳语。执，挟持。曹操认为，大臣何进要杀宦官，"既治其罪，当诛元恶，一狱吏足矣"（晋·陈寿《三国志·武帝纪》注引《魏书》），但他犹豫不决，导致宦官张让、段珪挟持献帝至小平津。

⑤〔白虹为贯日，己亦先受殃。〕白色云气穿红日，何

进自己先遭殃。白虹贯日，古人迷信，以天象附会人事，认为出现这一天象，表示人间有动乱，甚至天子绝命。初平元年（190）正月，董卓杀死弘农王刘辩，二月出现白虹贯日，大臣何进在上一年的八月因谋泄被中常侍张让、段珪杀死，所以说"己亦先受殃"。

⑥〔贼臣持国柄，杀主灭宇京。〕贼臣董卓窃朝政，杀死人主烧京城。持，把持。国柄，朝政大权。灭宇京，指董卓烧毁洛阳城。宇京，京城。中平六年（189）九月，董卓杀死何太后，自任太尉，十一月任相国，擅专朝政，第二年杀死弘农王刘辩。

⑦〔荡覆帝基业，宗庙以燔丧。〕汉室王朝被推翻，刘氏祖庙被烧毁。荡覆，倾覆，推翻。燔丧，烧毁。

⑧〔播越西迁移，号泣而且（cú）行。〕流离吏民迁长安，呼号哭泣往前行。播越，流离失所。且，通"徂"，往。初平元年（190）二月，董卓以山东兵盛为借口，胁迫献帝迁都长安，驱使百万百姓前往。

⑨〔瞻（zhān）彼洛城郭，微子为哀伤。〕看那劫后洛阳城，我如微子哀断肠。微子，名启，商纣的哥哥。《尚书·大传》载，商朝灭亡后，微子见昔日王宫的废墟上长满禾黍，作《麦秀》诗以示悲哀。诗人以微子自比，表达自己看到洛阳城被毁坏的景象而产生的哀伤心情。

## 【鉴赏】

《薤露行》是一幅苍凉的历史画卷,全诗十六句,前面八句为第一部分,写大臣何进如何"误国",后面八句为第二部分,写外将董卓如何"祸国"。第一部分开始两句写何进"误国"的缘起"所任诚不良",即汉朝第二十二世帝王灵帝任用了何进这样不良的大臣,隐含着对朝廷用人有误的责怪。在唯君独尊的封建时代,这样的话只有秉性率真的曹操才能说出。"沐猴"二句写何进误国的本质原因是"知小而谋强",明明是个大草包却要去担当治国的大事。"沐猴而冠带",猕猴戴人帽穿人衣,看上去人模人样,实际上干的是蠢事。此处用词惟妙惟肖,揭示道理深刻。"犹豫"二句写何进误国的表现是"犹豫不敢断",没能在关键时刻派人杀掉宦官,而导致"因狩执君王"的局面。"白虹"二句写何进误国不仅害了君王,自身也遭殃在先。第二部分董卓"祸国"写了三个方面。"贼臣"二句写董卓杀了少帝刘辩并纵兵烧毁了京都洛阳。"荡覆"二句写董卓倾覆了汉室帝业的基石,毁坏了刘氏帝王的祖庙。"播越"二句写董卓胁迫汉献帝刘协迁都长安,威逼百万百姓一同前往。寥寥数语概括了东汉末年大厦倾倒、百姓遭殃的社会现实,控诉了董卓罄竹难书的罪恶。末两句写以古人微子自比,抒发了无比悲愤的心情,熔个人诚挚的体验与广阔的记叙于一炉。

明人钟惺评价这首诗说:"汉末实录,真诗史也。"(《古诗归》)说一首诗有诗史性质,评价极高。所谓诗史,即用诗来写历史，写出来的诗相当于后世所称的史诗。史诗是指能够比较全面地反映一个历史时期社会面貌和社会成员多方面生活、叙述英雄传说或者重大历史事件的叙事长诗。这首诗除了篇幅比较短，其他方面都符合史诗特征。全诗十六句，只有末两句是抒发感情，其余十四句全部是叙事，在篇幅不长的古代诗歌中是不多见的。这首诗至少可称得上史诗式的杰作。首先，此诗叙事宏大，涵盖的历史事件有：外戚何进和宦官张让等发生冲突，何进错召袁绍、董卓等入京，何进被杀，董卓窃国并杀死何太后和少帝刘辩，献帝刘协被挟持出宫，董卓挟献帝迁都威逼吏民同往。诗人用简洁的笔墨全景式地描绘出东汉末年的社会实况。其次，此诗涉及的人物众多，有汉室灵帝刘宏、弘农王刘辩、献帝刘协，摄政何太后，宦官张让、段珪，何太后的弟弟何进，手握重兵的袁绍、董卓，几乎囊括了所有影响政局的关键人物。诵读此诗，汉末王室内外风云激荡、生死搏斗的大幕徐徐拉开，形形色色人物粉墨登场，极尽各种角色之能事，让千百年后的读者穿越时空，领略诗人的描述与感受。只有史诗才有这种感召力量，才能把读者引入这种艺术境界。清人刘熙载说："曹公诗气雄力坚，足以笼罩一切。"（《艺概·诗概》）读《薤露行》后深感此言不虚。

# 蒿里行①

关东有义士，兴兵讨群凶。②
初期会盟津，乃心在咸阳。③
军合力不齐，踌躇而雁行。④
势利使人争，嗣还自相戕。⑤
淮南弟称号，刻玺于北方。⑥
铠甲生虮虱，万姓以死亡。⑦
白骨露於野，千里无鸡鸣。⑧
生民百遗一，念之断人肠。⑨

【译注】

①与上篇《薤露行》均是乐府古诗题，属《相和歌辞·相和曲》，原歌辞是送葬时唱的挽歌。《薤露行》指为王公贵族送行唱的挽歌，《蒿里行》指为士大夫、庶人送行唱

的挽歌。蒿里，地名，位于泰山之南。古人迷信说法，阴间灵魂都聚居在蒿里，人死之后魂归蒿里。此诗借乐府古题写时事，内容与原歌辞无关。东汉中平六年（189），汉灵帝卒，时年十七岁的皇子刘辩即皇帝位，皇权空虚，大将军何进欲召外将董卓等诛杀把持朝政的宦官。谋泄，何进被宦官杀死。董卓引兵进京，废刘辩为弘农王（不久董卓又杀死刘辩），立陈留王刘协为帝（汉献帝）。关东州郡起兵讨伐董卓，军阀混战开始。

②〔关东有义士，兴兵讨群凶。〕关东州郡众首领，兵讨董卓等凶犯。关东，函谷关以东广大地区，含今山东、河南、河北一带。义士，指讨伐董卓的州郡众首领。群凶，指董卓及其同伙。东汉初平元年（190）正月，后将军袁术、冀州牧韩馥、豫州刺史孔伷、兖州刺史刘岱、河南太守王匡、渤海太守袁绍、陈留太守张邈、东郡太守桥瑁、山阳太守袁遗、济北相鲍信同时起兵，各有兵力数万，推袁绍为盟主。曹操任奋武将军。联军向西讨伐董卓等凶犯。

③〔初期会盟津，乃心在咸阳。〕当初期望会孟津，其心莫不在京城。盟津，即"孟津"，在今河南省孟州南。乃心，其心，指义士的心。咸阳，秦的都城，这里借指汉献帝所在的长安。董卓窃政后，汉都由洛阳迁长安。此二句用了两个典故。第一句是说希望义士的行为能像周武王会集八百诸侯于孟津，志在讨伐残暴的商纣。第二句是说希望义士的行为能像刘邦、项羽相约，志在早日攻下都城咸阳。也就是

说，初心是希望义士志在讨伐董卓，攻下长安，保卫汉朝王室。

④〔军合力不齐，踌躇而雁行。〕军队虽合步伐异，犹豫不决如雁行。不齐，不一致。雁行，大雁飞行，排列整齐而有次序。此处指讨伐董卓的军阀各怀鬼胎，谁也不愿意和强敌对峙。《三国志·武帝纪》载，初平元年（190）"卓兵强，绍等莫敢先进。太祖曰：'举义兵以诛暴乱，大众已合，诸君何疑？……今（董卓）焚烧宫室，劫迁天子，海内震动，不知所归，此天亡之时也。一战而天下定矣，不可失也。'"

⑤〔势利使人争，嗣还（sì xuán）自相戕（qiāng）。〕权势利益使人争，联盟不久自相残。嗣还，之后不久。还，通"旋"。戕，杀害。关东军阀联合不久兼并开始：袁绍与袁术不和；公孙瓒举兵攻打袁绍，冀州诸郡叛绍投瓒；袁绍向南与刘表联合。

⑥〔淮南弟称号，刻玺（xǐ）于北方。〕袁术淮南自称帝，袁绍北方立新王。玺，帝王专用的印章，皇权的象征。建安二年（197）春，袁术在淮南寿春自称天子，置公卿百官，在郊野祭祀天地。初平二年（191）春，袁绍立幽州牧刘虞为帝，制作了金玺，曹操反对，刘虞终不敢当。

⑦〔铠甲生虮虱（jǐ shī），万姓以死亡。〕士兵战服生虱子，黎民百姓多死亡。铠甲，护身战服，金属制作的为铠，皮革制作的为甲。虮，虱子的卵。万姓，百姓。以，因而。

士兵长年作战，战服始终在身，因此长满虱子和虱卵。

⑧〔白骨露於野，千里无鸡鸣。〕莽莽原野露白骨，千里大地无人家。无鸡鸣，没有鸡叫。不见村庄，没有人家，所以无鸡鸣。

⑨〔生民百遗一，念之断人肠。〕人民百人剩下一，每想此景肝肠断。遗，剩下。

## 【鉴赏】

《蒿里行》十六句可分为两个部分。前十句为第一部分，写关东州郡诸首领联合起兵讨伐董卓和联军内部分裂互相残杀的情形；后六句为第二部分，写军阀混战给人民带来的灾难。第一部分头四句为第一层，写讨伐逆贼的初心。欲抑先扬，初心是可以称道的：各路首领起兵结盟准备剿灭董卓及其同伙，打到京都长安去，保卫东汉刘氏王朝。"军合"六句为第二层，写联军诸部各怀私心相互残杀的情形。第二部分"铠甲"四句为第一层，写生灵涂炭的惨象。末两句为第二层，写诗人万分沉痛的心情。为什么沉痛？因为"生民百遗一"。这表现了曹操诗歌中的人民性，在曹操看来，人民的得失是评价战争的重要标准。

上篇《薤露行》和这首《蒿里行》是姊妹篇，这两首所写的内容相关，时间相连，采用的写法相同，表现的艺术风格一致，我们可以把它们当作一首完整的长诗来诵读、鉴赏。

这样，更能全面深刻地领略诗歌的主题，感受诗人凄怆的心境，欣赏诗作"古直悲凉"（南朝·钟嵘《诗品》卷下）的艺术魅力。

《薤露行》写董卓窃国挟持幼帝迁都给国家和人民造成的灾难，《蒿里行》写封建军阀在讨董的旗号下联合，又由于私心驱使互相残杀，造成天下大乱、生灵涂炭的社会现象。事件环环相扣，密不可分，所写的时间也是紧密相连的。大将军何进召董卓入京，董卓杀少帝刘辩和何太后、立陈留王刘协为帝（汉献帝），董卓挟持汉献帝迁都，相继发生在中平六年（189）和初平元年，《蒿里行》所写的关东州郡联合起兵于初平元年（190），袁术于淮南自称天子发生在建安二年（197）。这两首诗共同构成了反映东汉末年社会现实的巨幅历史画卷。这两首诗放在一起读，呈现在我们眼前的历史背景更加广阔，使读者对当时社会的认识更加深刻，对诗人心理的洞察也更加透彻。

《蒿里行》和《薤露行》同属《相和歌辞·相和曲》，原歌辞都是古人送葬时唱的挽歌。这两首诗借用汉乐府的古题，却没有因袭古辞古义，而是继承了乐府民歌"缘事而发"（东汉·班固《汉书·艺文志》）的传统，"用乐府题而自叙述时事"（清方东树语），反映诗人所处的社会现实，表达自己的观点，抒发自己的感情。

《蒿里行》和《薤露行》一样，具有鲜明的史诗特征。全诗十六句，除了末二句是直抒胸臆外，其余十四句均为叙述，几乎囊括了初平元年（190）到建安二年（197）国家的整个状况。覆盖的重大事件有：关东州郡起兵结盟誓师讨董，联军诸部各怀鬼胎踌躇雁行，军阀间由于势利驱使自相残杀，袁绍的堂弟袁术在淮南寿春自称帝王，袁绍在北方立刘虞为帝，艺术地再现了汉末的社会现实。读者透过壮阔宏大的叙事，全方位地体验了那个时代的风云激荡，认识到东汉末年历史正处于几百年一遇的大变局之中，也感受到诗人奔腾跳动的脉搏。只有史诗才有如此感染力。

为什么曹操能写出《薤露行》《蒿里行》这样宏伟的史诗？除了诗人深厚的诗歌修养和"登高必赋，及造新诗，被之管弦，皆成乐章"（晋·陈寿《三国志·武帝纪》注引《魏书》）的创作热情，与诗人身处时代风云的旋涡之中并亲临战场直接指挥作战有密切的关系。关东义士兴兵讨伐董卓时，曹操任奋武将军，反对联军分裂，主张矛头一致对准董卓及其同伙。不久，汉献帝先后拜曹操为建德将军、镇东将军、大将军，曹操经历大大小小无数次战役。诗人由于自己的身份和军事主张，对诸军阀的分分合合、是非曲直有深思熟虑的见解，才脱口写出"军合力不齐，踌躇而雁行。势利使人争，嗣还自相戕"的诗句。这些诗句形象地揭示了联军之所以分裂内斗是受"势利"驱使，各怀私心所致。诗人转战南北，足迹遍布天下。战争造成的生灵涂炭的惨景，无数次地呈现在他的眼前，涌现在他的脑海，震撼着他的灵魂，于是他不由自主地发自肺腑吟道："铠甲生虮虱，万姓以死亡。白骨露於野，千里无鸡鸣。"诗中对战争造成的惨景虽只是不加修饰的白描，却胜过千言万语的控诉。《薤露行》和《蒿里行》在表现手法上都极具本色，艺术上的成功之处是用质朴的语言描述事实，披露胸襟，使人读后如见其景、如闻其声。

# 对　酒①

对酒歌，太平时，吏不呼门。②

王者贤且明，宰相股肱皆忠良。③

咸礼让，民无所争讼。④

三年耕有九年储，仓谷满盈。⑤

班白不负戴。⑥

雨泽如此，百谷用成。⑦

却走马，以粪其土田。⑧

爵公侯伯子男，咸爱其民，以黜陟幽明。⑨

子养有若父与兄。⑩

犯礼法，轻重随其刑。⑪

路无拾遗之私。⑫

囹圄空虚，冬节不断。⑬

人耄耋，皆得以寿终。⑭

恩泽广及草木昆虫。⑮

## 【译注】

①乐府诗题，属《相和歌辞·相和曲》。本篇系曹操自创的诗题，讴歌诗人理想中的太平盛世。

②〔对酒歌，太平时，吏不呼门。〕对酒唱歌，太平的时候，吏役不上门呼叫。吏不呼门，指官府吏役不到百姓家呼叫着要百姓纳税服役。

③〔王者贤且明，宰相股肱（gōng）皆忠良。〕王者为君能贤明，宰相众臣全忠良。股肱，指辅助王者的大臣。股，大腿。肱，胳膊。

④〔咸礼让，民无所争讼。〕都能守礼知谦让，百姓没有争论打官司的事。咸，都，全。礼让，守礼仪，懂谦让。无所，没有什么。争讼，因争论而诉讼。

⑤〔三年耕有九年储，仓谷满盈（yíng）。〕三年耕种储藏九年所用，家家粮满仓。储，储藏，存放。满盈，充满，全部占满。《礼记·王制》："国无九年之蓄曰不足，无六年之蓄曰急，无三年之蓄曰国非其国也。"

⑥〔班白不负戴。〕头发花白的老人不干重活。班白，即"斑白"，"班"通"斑"。负戴，背负头顶，指重体力劳动。《孟子·梁惠王上》："谨庠序之教，申之以孝悌之义，颁白者不负戴于道路矣。"

⑦〔雨泽如此，百谷用成。〕雨如这样滋润，百谷因而丰登。雨泽，雨水滋润。用，因而。成，丰收，丰登。

⑧〔却走马，以粪其土田。〕良马退出战场，以粪肥其

土田。却，引退，退出。走马，善跑的马，良马。走，跑。粪，名词作动词用，施肥。此处意思是说，天下太平，不用打仗，善跑的良马退回田间用于耕种。马在田间奔走，其粪必留在田里充作肥料。"以粪其土田"是战马用于农事的代语。

⑨〔爵公侯伯子男，咸爱其民，以黜陟幽明。〕封爵公侯伯子男，都爱他们的百姓，贬退庸才提拔贤人。爵，爵位，此处作动词用，封爵。公侯伯子男，中国古代分封的五等爵位。黜陟，指人才的退进，官吏的降升。幽明，这里分别指昏庸无能之辈和德才兼备之人。

⑩〔子养有若父与兄。〕善待百姓如同父与兄。子养，像儿子一样养育。此处是说，诸侯官吏爱民如同父亲爱儿子、哥哥爱弟弟。

⑪〔犯礼法，轻重随其刑。〕违犯礼仪和法度，处罚轻重按刑法。此处意思是说，百姓违犯礼仪法度，要按规定条文处理，不能随便加重处罚。

⑫〔路无拾遗之私。〕没有路上拾遗据为己有的私心。此处意思是说，民风淳朴，在路上拾到别人失落的东西，因为不是自己的，不会占为己有。

⑬〔囹圄（líng yǔ）空虚，冬节不断。〕监狱里面没犯人，冬至之日无人可以处决。囹圄，监狱。冬节，冬至日。不断，没有可处决的人。汉代在冬至日处决犯人。

⑭〔人耄耋（mào dié），皆得以寿终。〕人人活到高龄，

都可以寿终正寝。耄，指八九十岁年纪。耋，指七八十岁年纪。耄耋，指老年，高龄。

⑮〔恩泽广及草木昆虫〕恩惠普及草木昆虫。恩泽，旧指帝王或朝廷给予臣民的恩惠。此处极言广施恩惠，连同草木昆虫也得到仁政的好处。

## 【鉴赏】

中平元年（184），曹操三十岁，因战功迁济南相。上任伊始，他即大力整顿。下辖的十多县长吏大多阿附权贵，狼狈为奸，无恶不作。曹操上奏朝廷，罢免了百分之八十的恶吏，并严令禁止奸淫恶习和铺张祭祀的不正之风，于是"政教大行，一郡清平"（晋·陈寿《三国志·武帝纪》注引《魏书》）。曹操后来在《让县自明本志令》一文中说："孤始举孝廉，年少，自以本非岩穴知名之士，恐为海内人之所见凡愚，欲为一郡守，好作政教以建立名誉，使世士明知之。故在济南，始除残去秽，平心选举。"《对酒》诗大概作于曹操任济南相时，表达了诗人追求太平盛世的政治理想。

《对酒》描绘了一幅太平盛世的美好图景。全诗可分为四个部分。"对酒"七句为第一部分，写官吏执政为民、百姓和睦相处的景象。统治者上至一国之尊的王者，中至宰相众臣，下至上门执行公务的衙役，都待人以礼，百姓当然也没有争吵。"三年"七句为第二部分，写太平盛世粮食丰收、

百姓富足的景象。三年耕种储有九年的用粮，大房小屋堆满
了粮食，如此富足，哪里需要头发花白的老人去干重活？粮
食收得这么多，除了风调雨顺年景好，还有一个重要原因，
天下太平无仗可打，战马都用来耕田，整个社会都能以农为
本。"爵公侯"九句为第三部分，写官府爱民，执法以刑，
百姓遵纪守法的太平景象。为什么路不拾遗？为什么囹圄空
虚，没有可断罪之人？原因有二：其一，官吏爱民如子；其
二，执法轻重有依据。"人耄耋"三句为第四部分，写全社
会都生活幸福的景象。不仅七八十岁、八九十岁的长者都老
有所养、老有所终，全社会都能过上各得其所的幸福生活，
不是吗？恩德已广及草木昆虫，还用说作为王者为政根本的
普通民众吗？

　　曹操不仅"是改造文章的祖师"（鲁迅语），也是改造诗
歌的大师。乐府旧题并没有《对酒》，此题是诗人的新创。
歌辞可能是诗人饮酒时吟诵出来的，故题曰《对酒》。汉乐
府形式自由多样，句式长短、整散不拘。由于两汉紧接先秦
而来，乐府中少数作品还沿用了《诗经》的四言体，但大多
数诗歌以新的样式出现。其中一种是五言诗，也是汉乐府诗
的主要体式。另有一种形式是杂言体，每句的字数由内容确
定，长短变化较大。曹操这首《对酒》，更不受前人约束，
三言、四言、五言、六言、七言、八言都有，句式十分灵活，
简直到了随心所欲的地步。毫无疑问，如此丰富多样的句式，
有助于诗人理想中的太平盛世景象的描绘。

# 苦寒行①

北上太行山，艰哉何巍巍！②

羊肠坂诘屈，车轮为之摧。③

树木何萧瑟！北风声正悲。④

熊罴对我蹲，虎豹夹路啼。⑤

谿谷少人民，雪落何霏霏！⑥

延颈长叹息，远行多所怀。⑦

我心何怫郁！思欲一东归。⑧

水深桥梁绝，中路正徘徊。⑨

迷惑失故路，薄暮无宿栖。⑩

行行日已远，人马同时饥。⑪

担囊行取薪，斧冰持作糜。⑫

悲彼《东山》诗，悠悠令我哀。⑬

## 【译注】

①乐府诗题，属《相和歌辞·清调曲》，本诗是此曲调的歌辞。建安十年（205），曹操打垮了袁绍，袁绍的外甥高干以并州之地投降了曹操。不久，高干听说曹操要北征乌桓，觉得有机可乘，又背叛曹操，擒拿上党太守，控制要塞壶关。建安十一年（206），曹操从邺城出发，取道河内，北过太行山，征并州，攻打壶关。此篇是曹操率军征讨高干时作，写行军途中的艰苦。

②〔北上太行山，艰哉何巍巍（wēi wēi）!〕北讨逆贼上太行，山高谷深路艰险。《三国志·乐进》："进别征高干，从北道入上党，回出其后。干等还守壶关，连战斩首。干坚守未下，会太祖（曹操）自征之，乃拔。"曹操征讨高干从邺城出发，高干把守的壶关在西，中间横亘着太行山，曹操要回出其后，必经太行山北羊肠坂，故曰"北上太行山"。巍巍，高大壮观的样子。

③〔羊肠坂（bǎn）诘（jié）屈，车轮为之摧。〕盘旋曲折羊肠坂，军车轮子被颠坏。羊肠坂，古坂道名，萦曲如羊肠，故名。诘屈，曲折，弯曲。摧，折断，破坏。

④〔树木何萧瑟（xiāo sè）! 北风声正悲。〕树木哆嗦多凄凉！刺骨北风呼啸吹。时值隆冬，天气寒冷，山高路险，行军的环境极其恶劣。萧瑟，形容风吹树木的声音。

⑤〔熊罴（pí）对我蹲，虎豹夹路啼。〕熊罴见我不肯走，虎豹夹道齐嘶鸣。野兽见人视而不见，可见军队过处是

深山老林，人迹罕至。罴，棕熊，一种大熊。啼，号叫。

⑥〔豀谷少人民，雪落何霏霏（fēi fēi）！〕山高谷深人烟少，鹅毛大雪满天飞。山谷深处，风雪更显示威力，行军更加困难。霏霏，这里指雪下得很大的样子。

⑦〔延颈长叹息，远行多所怀。〕伸长脖子深深叹，长途跋涉心事重。行军艰辛，感想良多。延颈，伸长脖子。

⑧〔我心何怫（fú）郁！思欲一东归。〕我的心里多么忧愁！真想东去回故里。曹操家乡沛国谯县（今安徽亳州）地理位置在东方，故曰"东归"。怫郁，忧愁苦闷。归，回故乡。

⑨〔水深桥梁绝，中路正徘徊（pái huái）。〕水深流急桥梁断，行军中途心犹疑。绝，断。中路，中途。徘徊，犹疑不决。

⑩〔迷惑失故路，薄暮无宿栖（qī）。〕前行迷惑失老路，日暮无处可住宿。故路，老路，原来的路。薄暮，傍晚，太阳快下山的时候。薄，挨得很近，接近。宿栖，住宿，栖息。

⑪〔行行日已远，人马同时饥。〕走了还走天色晚，人马同时饿得慌。行行，不停地走。日已远，太阳越来越远，指太阳落山。

⑫〔担囊行取薪，斧冰持作糜（mí）。〕担着行囊取柴火，凿冰打水来煮粥。薪，柴火。斧冰，用斧子凿冰。斧，砍，此处名词作动词用。糜，粥。

⑬〔悲彼《东山》诗，悠悠令我哀。〕悲吟那首《东山》诗，思情久久使我哀。《东山》，《诗经·豳风》中的一首诗。这首诗写一位去东山长期戍守的士兵，终于能够回家了，还乡途中他回想军营中的生活，想象久别的家和妻子，感慨万千。旧说《东山》为周公所作。此处含有诗人以周公自比之意。悠悠，形容长久、遥远。

【鉴赏】

　　《苦寒行》和前面的《薤露行》《蒿里行》都是东汉末年社会现实的实录，都是史诗式的作品；差别在于前两首诗涵盖若干历史事件，涉及众多历史人物，《苦寒行》只写了一次行军活动，诗中人物也只写了行军的将士。相比较而言，前者叙事宏大壮阔，后者叙事具体细致。读了《苦寒行》，我们似乎身居太行山沟壑之中，来到曹操的军营之前，听到呼啸的北风声，看到漫天的白雪，感受到虎豹的威胁，甚至体验到饥肠辘辘的痛苦。全诗二十四句，几乎没有议论和抒情，全凭叙述和描写让读者自己去领悟，诗人的思想和感情尽在叙事之中。

　　《苦寒行》系乐府曲调名，原歌辞已失传，由题名推想歌辞内容应是写寒冬季节民间的疾苦。曹操这首诗有很大的创造性，借乐府旧题写征讨高干行军途中的疾苦，全诗紧扣一个"苦"字展开。诗歌前十句为第一部分，写太行山严酷的自然环境造成的行军疾苦。"北上"二句写太行山高大险峻，军队攀援困难，此为"一苦"。"羊肠坂"二句写道路盘旋迂曲，驾车艰难，此为"二苦"。"树木"二句写北风怒号，寒气刺骨，此为"三苦"。"熊罴"二句写虎豹环伺，阴森恐怖，此为"四苦"。"谿谷"二句写山谷大雪纷飞，步履维艰，此为"五苦"。五苦叠加，何其苦也！由环境造成的行军之苦，引发心境的变化、思想的矛盾。"延颈"四句为本诗的第二部分，写诗人心情怫郁，思欲东归。也就是说，环境太险恶，行军太艰难，迫使诗人顿生回乡的念头。然而，诗人毕竟是一代英雄，不是凡夫俗子，怫郁徘徊片刻，又战胜了一时的情绪，继续挥师前行。"水深"八句为第三部分，写物资缺乏造成行军的艰苦。"水深"二句写水深无桥，渡水困难，此为"六苦"。"迷惑"二句写迷失道路，夜晚无处住宿，此为"七苦"。"行行"二句写行军久远，人马饥渴，此为"八苦"。"担囊"二句写取薪凿冰，烧水煮饭，此为"九苦"。环境恶劣产生的"五苦"，物资短缺产生的"四苦"，双向袭来，实在令人无法坚持下去。就在这时，诗人吟起《东山》之诗，想起周公东征，不畏艰苦，三年乃归。"悲彼"二句为第四部分，写诗人以周公自比，自责自勉，又振奋了精神，勇往前行。至此，诗人的思想得到升华，读者看到了他那排除万难、奋勇拼搏的形象。

曹操这次指挥行军，时值严寒的冬天，部队在崇山峻岭里穿越，如何用诗的语言来描绘行军，在创作方法或艺术风

格上应该有不同的选择。诗人此时已打败了军事实力强大的
袁绍集团，成为中国北方最强大的军事首领，现在去征讨业
已投降又乘机反叛的地方头目高幹，行军中纵有千难万险，
都可以用浪漫的笔触，形容征讨大军的铁蹄所向披靡、无可
阻挡，写出诗人无所畏惧、勇往直前的英雄气概。诗人却没
有这么写，他不想把自己写得多么高大上；相反，诗人极尽
笔力，淋漓尽致地描绘行军途中的种种艰辛。不仅如此，诗
人还坦诚地吟道："延颈长叹息，远行多所怀。我心何怫郁！
思欲一东归。"诗人写出自己在艰苦的行军中产生的苦闷犹豫
的情绪和思亲欲归的念头，用质朴的形式披露了自己的真实
心态。这些极为本色的诗句，由于是真情实感，更能打动读
者。《苦寒行》能成为千古名作，其艺术魅力就在这里。

# 步出夏门行①·观沧海②

东临碣石，以观沧海。③

水何澹澹，山岛竦峙。④

树木丛生，百草丰茂。⑤

秋风萧瑟，洪波涌起。⑥

日月之行，若出其中；

星汉灿烂，若出其里。⑦

幸甚至哉！歌以咏志。⑧

## 【译注】

①《步出夏门行》，又称《陇西行》，乐府旧题，属《相和歌辞·瑟调曲》。夏门，古代洛阳西北面的城门，汉代称"夏门"，魏晋称"大夏门"。古辞只存"市朝人易，千岁墓平"（梁·萧统《文选》李善注）两句。《乐府诗集》另录

古辞《邪径过空庐》一篇，内容写升仙得道。曹操这篇与古辞内容无关，是借乐府古题写时事。此篇包括五个部分，开头是《艳》（前奏曲），以下是《观沧海》《冬十月》《土不同》《龟虽寿》四解（章），本书介绍《观沧海》《龟虽寿》两篇（章）。建安五年（200），曹操在官渡之战中击败了袁绍，成为北方的实际统治者。袁绍死后，袁绍的几个儿子逃到乌桓。袁绍的余部和乌桓互相勾结，经常危害北部边境。乌桓为我国古代北方的少数民族，秦末迁乌桓山（东北大兴安岭南端），故名。东汉末年，乌桓分为上谷、辽西、辽东、右北平四部，之后后三部联合起来，世称"三郡乌桓"。为了彻底铲除袁绍的残余势力，根除北方的隐患，建安十二年（207）七月，曹操挥师北征乌桓。八月，曹操大败乌桓。九月，曹操引兵自柳城（在今辽宁省朝阳市）还，归途中作《步出夏门行》。

②诗辞序曲后的第一章，写登碣石山看大海。

③〔东临碣（jié）石，以观沧海。〕东去登上碣石山，一览大海苍茫茫。碣石，古山名，在今河北省秦皇岛市昌黎县西北。《尚书·禹贡》："太行、恒山至于碣石，入于海。"秦始皇、汉武帝曾东巡至此，刻石观海。沧海，大海，指渤海。

④〔水何澹澹（dàn dàn），山岛竦峙。〕海面宽阔而浩荡，山岛屹立水中央。澹澹，水波起伏荡漾的样子。竦峙，耸立，屹立。"竦"同"耸"，高。峙，立。

⑤〔树木丛生，百草丰茂。〕树木稠密而旺盛，百草肥美又茂密。丛生，指树木聚集在一起生长。丰茂，茂盛，茂密。

⑥〔秋风萧瑟，洪波涌起。〕秋风飕飕多苍凉，波涛滚滚巨浪涌。萧瑟，形容风吹树叶的声音。洪波，波涛，大波浪。

⑦〔日月之行，若出其中；星汉灿烂，若出其里。〕太阳月亮交替出，似乎来自大海中；银河星光真灿烂，仿佛出于波涛里。星汉，银河。

⑧〔幸甚至哉！歌以咏志。〕庆幸到极点啊！我以此诗言志向。这两句是合乐时所加。幸甚，非常庆幸。至，极。咏，言。志，志向。

**【鉴赏】**

曹操引兵攻打三郡乌桓前，部将大多持反对意见，认为袁熙、袁尚（袁绍的次子、三子）投降乌桓，乌桓不会为之所用，如果大军北上，中原势必空虚，刘备一定会说服刘表攻打汉献帝所在的许昌，后果不堪设想。只有帐下谋士郭嘉建议北征，他认为袁绍有恩于乌桓，袁熙、袁尚在乌桓，北方边境必然生乱；刘表无才，不会听刘备的话，南方不会出现大的问题。曹操采纳了郭嘉的意见。曹军出卢龙塞北征，挖山填谷五百余里。时天寒且旱，二百里无水，军粮缺乏，杀马数千匹为粮，凿地三十多丈取水。曹军与乌桓军大战于柳城。敌军大败，投降者二十余万人。即使柳城之役大获全胜，曹操仍然认为有很大的偶然性，军还之日，对先前反对北征的人皆厚赏之，说："孤前行，乘危以徼幸，虽得之，天所佐也，故不可以为常。诸君之谏，万安之计，是以相赏，后勿难言之。"（晋·陈寿《三国志·武帝纪》注引《曹瞒传》）。一个人在经历千难万险之后取得某种胜利当然十分兴奋，如果经过千难万险后又十分侥幸取得胜利，那兴奋程度可想而知。诗人就是在侥幸打败乌桓后带着这种兴奋之情登上碣石山，留下千古绝唱。

"东临"二句点出看海的地点和位置。地点是碣石山，位置在山之顶。"临"与"观"写出诗人急切、喜悦和兴奋的心情。"水何"二句写大海的壮观全景。由碣石山上鸟瞰整个大海，毫无遮挡，一览无余。"澹澹"写大海的浩瀚、无边无际。"竦峙"把静止的景物写活了，山岛不是静态地位于大海上，而是动态地傲然耸立在波涛之中。"树木"二句写近景山岛。季节还是北国的深秋，却树木稠密，百草茂盛，一片生机盎然的景象。"秋风"二句写远景海水，那里虽然也是"秋风萧瑟"，但感觉不到一丝的冷清和凄凉，感觉到的是一股遒劲、苍凉、震撼人心的力量。不是吗？远处那巨浪汹涌，就是秋风在摇荡！以上八句为诗的第一部分，实写大海的景象。"日月"四句为第二部分，虚写大海的景象。诗人由此刻观赏到的大海实景，想象到其他时刻大海的另一番景象：一轮火红的太阳从海平面喷薄而出，整个海上金光灿烂；一轮明月从海中冉冉升起，放眼望去，水天一色；横亘夜空的银河，连着远处洪波，满天光辉明亮。诗人由当下看到的大海，想象到更加活力奔腾的大海，使大海的画面更加丰富和壮阔。最后两句是章末套话，但也起到了点题的作用。"歌以咏志"，这哪里是单纯写大海啊，这分明是在写自己像大海一样的胸怀。

《观沧海》在写作上有显著的创造性。诗人对大自然充满激情，海水，山岛，树木，百草，秋风，洪波，都是他描写和歌咏的对象。通篇写山水、写景物，在我国的诗歌史里还是第一次出现。《观沧海》堪称中国第一篇山水诗杰作。这首诗在实写自然景物之后，展开丰富的想象，写太阳、月亮的运行，写银河的出没，弥补了当下所见的局限，丰富了画面，使大海的性格更加张扬，气势更加宏伟，"有吞吐宇宙气象"（清沈德潜语）。更为可贵的是，诗人把壮丽的自然与博大的胸襟融为一体，"直写其胸中眼中一段笼盖吞吐气象"（明钟惺语）。不是吗？诗人明确点出自己作诗是"歌以咏志"。他胸中眼中笼盖吞吐的气象是什么？是眼前浩瀚奔腾的大海，更是囊括天地、统一中国的胸怀。

# 步出夏门行·龟虽寿①

神龟虽寿，犹有竟时。②

腾蛇乘雾，终为土灰。③

老骥伏枥，志在千里；

烈士暮年，壮心不已。④

盈缩之期，不但在天；

养怡之福，可得永年。⑤

幸甚至哉！歌以咏志。⑥

## 【译注】

①又称《神龟虽寿》，《步出夏门行》第四章。

②〔神龟虽寿，犹有竟时。〕神龟虽然寿命长，仍然有死亡那一天。古代以龟为通灵长寿之物。《庄子·秋水》："吾闻楚有神龟，死已三千岁矣，王巾笥而藏之庙堂之上。"

寿，寿命长。竟，完，这里指死。

③〔腾蛇乘雾，终为土灰。〕神龙腾蛇能驾雾，终究也要成土灰。腾蛇，传说中的龙类动物，能兴云驾雾。《韩非子·难势篇》："飞龙乘云，腾蛇游雾，云罢雾霁，而龙蛇与蚯蚓同矣，则失其所乘也。"乘雾，驾着雾飞行。

④〔老骥（jì）伏枥（lì），志在千里；烈士暮年，壮心不已。〕棚中良马虽已老，日行千里是志向；烈士即便到晚年，凌云壮志也没减。骥，良马，千里马。枥，马槽，此指养马的地方，马棚。烈士，指重义轻生或者志在建立功业的人。暮年，晚年。不已，不停止。

⑤〔盈（yíng）缩之期，不但在天；养怡（yí）之福，可得永年。〕寿命长短之期限，决定不在老天爷；身心保养如得法，延年益寿能实现。盈缩，指人的寿命长短。盈，满。缩，亏。养怡，养和，保养。怡，和也。永年，长寿。

⑥〔幸甚至哉！歌以咏志。〕庆幸到极点啊！我以此诗言志向。同前《观沧海》，这两句是合乐时所加。

## 【鉴赏】

建安十二年（207），曹操北征三郡乌桓，获得全胜，归途中作《步出夏门行》。诗人回顾前半生，可谓灿烂辉煌。他二十岁举孝廉。中平六年（189），曹操兴举义兵攻打叛臣董卓，立下汗马功劳。初平三年（192），农民起义军——黄巾军攻入兖州，曹操追黄巾军至济北，黄巾军三十万人败降，曹操从中选出精锐者组成自己的"青州兵"。袁术在九江盗用皇帝的称号，下皆称臣，曹操擒其四将，袁术穷途末路，发病而死。袁绍占据河北，兵势强盛，曹操投死为国，官渡之役大败袁绍。曹操又平定了北方边境，肃清了袁绍的残余势力。曹操此时已成为中国北方的实际统治者。然而，全国尚未统一，天下并不太平：刘表尚占据荆州，自以为皇家宗室，包藏祸心；长江以南的大片土地还没有控制在自己的手中。诗人此时已经五十三岁，在寿命普遍不长的古代，这个年岁可以说已进入了人生的暮年。诗人想到自己《观沧海》一诗中所表达的统一宇内、囊括天下的宏愿，不由自主地意识到肩上担子的沉重，感到人生短促带来的压力。

　　"神龟"四句为诗的第一部分，写人的寿命有限是自然规律。《庄子·秋水》里说，楚王藏有一种神龟，死时已经有三千岁。三千岁该是多么高寿啊，但神龟终究还是免不了一死。腾蛇是飞龙的一种，可不是一般的生物，能兴云驾雾，然而也有化为土灰的那一天。这两个极其形象的比喻，生动地说明了一个道理：任何英雄人物，不管你如何扭转乾坤，最终都无法逃脱一死。可见诗人对生死持十分冷静客观的态度，一切从事实出发，尊重自然规律，与那些炼丹拜神祈求长生不老的方士和帝王比较，显示了英雄的胸襟和睿智。"老骥"四句为诗的第二部分，写诗人的凌云壮志。诗人自比"老骥伏枥，志在千里"，形象贴切，爽朗刚健，誓言"烈士暮年，壮心不已"，抒发了统一中国、建功立业的豪情壮志。"盈缩"四句为第三部分，写人的寿命不完全由天定，可以争取长寿。明代谭元春在评论《龟虽寿》时说道："'不但在天'，腐儒吐舌。及读下二句，始知真英雄无欺人语。"（《古诗归》卷七）他认为，曹操与那些一切从书本出发迂腐不堪的儒生有本质的不同，是一位求实坦诚、讲真话的英雄。

《龟虽寿》是一首哲理诗。此诗最大的特点是用诗的语言进行推理，环环相扣，极富逻辑性。前面四句是说有生必有死，死亡是人生的客观规律，我们必须正视有生必有死的事实，尊重这一永恒的规律。中间四句是说，正因为有生必有死，这是无法逃避的客观规律，我们才应该在有限的人生里干出轰轰烈烈、震古烁今的大事来。接下来四句是说，虽然有生必有死，我们必须尊重这一客观规律，但作为个人也不是毫无作为、任凭摆布的对象，我们通过自己的努力，完全可以保养好身心，争取长寿，在有限的生命里作出更多的贡献。曹操虽然生活在一千八百多年前，但由于他尊重事实、尊重规律，态度诚恳，加之个人禀赋的聪慧，他的这首诗充满朴素的唯物辩证思想，具有强烈的艺术感染力，打动了无数读者。

# 短歌行①

对酒当歌，人生几何？②
譬如朝露，去日苦多。③
慨当以慷，忧思难忘。④
何以解忧？唯有杜康。⑤
青青子衿，悠悠我心。⑥
但为君故，沉吟至今。⑦
呦呦鹿鸣，食野之苹。⑧
我有嘉宾，鼓瑟吹笙。⑨
明明如月，何时可掇？⑩
忧从中来，不可断绝。⑪
越陌度阡，枉用相存。⑫
契阔谈䜩，心念旧恩。⑬
月明星稀，乌鹊南飞。⑭
绕树三匝，何枝可依？⑮

山不厌高，海不厌深。⑯

周公吐哺，天下归心。⑰

## 【译注】

①乐府诗题，属《相和歌辞·平调曲》，多用于宴会。古辞已失。曹操《短歌行》有两首，这是其中一首。

②〔对酒当歌，人生几何？〕面对美酒与歌舞，人生良辰有几何？"当"与"对"同义，面对。当，一说应当。几何，多少。人生几何，人生这样的良辰美景有多少。

③〔譬如朝露，去日苦多。〕光阴短促如朝露，痛感逝去已太多。朝露，清晨的露水。清晨的露水容易消失，此处比喻人生短暂。去日，逝去的日子。苦多，伤感逝去的时光太多。苦，患。

④〔慨当以慷，忧思难忘。〕歌声激昂而慷慨，深隐忧思实难忘。慨当以慷，当慨而慷。忧思，一作"幽思"，隐藏的心思。

⑤〔何以解忧？唯有杜康。〕满腹忧愁怎排解？此时只凭杯中酒。何以，以何，拿什么。唯有，只有。杜康，即少康，传说中酿酒的发明者，这里为酒的代称。

⑥〔青青子衿（jīn），悠悠（yōu yōu）我心。〕身着学子服之人，时刻挂念在我心。《诗经·郑风·子衿》："青青子衿，悠悠我心。纵我不往，子宁不嗣音？"大意是：你的衣

领青青，我思念你的心悠悠，纵然我没有去见你，难道你就不给我音信？这里写青年女子思念她的恋人。曹操此处引《子衿》篇成句，表达对贤才的思慕。青衿，周代学子的服装。衿，衣领，此指服装。悠悠，形容长远的样子。

⑦〔但为君故，沉吟至今〕只因思慕贤才你，至今低吟《子衿》篇。但，只。君，你。沉吟，深思低吟。

⑧〔呦呦（yōu yōu）鹿鸣，食野之苹〕鹿啊鹿啊呦呦叫，原野上面吃艾蒿。呦呦，鹿叫的声音。苹，艾蒿，多年生草本植物。

⑨〔我有嘉宾，鼓瑟（sè）吹笙（shēng）〕今天我有嘉宾到，演奏古瑟又吹笙。鼓，演奏。瑟，古老的汉族弹弦乐器。《诗经·小雅·鹿鸣》："呦呦鹿鸣，食野之苹。我有嘉宾，鼓瑟吹笙。吹笙鼓簧，承筐是将。人之好我，示我周行。"《鹿鸣》是一首宴饮诗，此处借用前几句赋予新意，表示热切希望招纳贤才。

⑩〔明明如月，何时可掇（duō）？〕皎洁明亮贵如月，什么时候可采摘？掇，采拾，采摘，一作"辍"，停止。月亮是永远抓不到的，或者说月亮是永远不会停止运行的，比喻渴望人才的忧思难以排遣。

⑪〔忧从中来，不可断绝〕忧愁打自内心来，根深蒂固不可排。中，内心。

⑫〔越陌（mò）度阡（qiān），枉用相存〕越过田间小道来，贤才屈尊相问候。陌、阡，田间小道，东西称

"陌"，南北称"阡"。古谚"越陌度阡，更为客主"，指人们来来往往，互为客人和主人，彼此应当热情相待。此处用成语，言贤才远道而来。枉，屈驾，屈尊。用，以。存，问候。

⑬〔契（qiè）阔谈宴，心念旧恩。〕宴饮谈心话别后，心中想起往日情情。契阔谈宴，即"谈宴契阔"。契阔，离合，聚散，偏指离散。谈宴，谈心宴饮。旧恩，往日的情谊。

⑭〔月明星稀，乌鹊南飞。〕月光明亮星儿稀，乌鹊腾空向南飞。

⑮〔绕树三匝（zā），何枝可依？〕林上盘旋许多圈，哪根枝条可栖息？匝，一周，一圈。三匝，表示许多圈，此处"三"为概数，表示多。

⑯〔山不厌高，海不厌深。〕山不以高为满足，海不以深为自满。厌，满足。《管子·形势解》："海不辞水，故能成其大；山不辞土石，故能成其高；明主不厌人，故能成其众；士不厌学，故能成其圣。"引此典是说招纳贤才多多益善。

⑰〔周公吐哺（bǔ），天下归心。〕周公吐哺待贤才，天下贤才人心聚。《史记·鲁周公世家》："我（周公）一沐三捉发，一饭三吐哺，起以待士，犹恐失天下之贤人。"引此典故，诗人自比周公，表达了自己礼贤下士、广罗人才的诚意。周公，文王之子，武王之弟，成王之叔。武王死后，周公摄政，全力辅助成王。吐哺，吐出咀嚼的食物。归心，人心汇聚在一起。

**【鉴赏】**

《短歌行》作于何时，难以确考，但从诗的内容看，当作于诗人中年之后。此时诗人已部分地完成功业，而又未完全建功立业。诗人部分地完成功业，方有资本抒发统一天下的抱负；尚未完全建功立业，才渴求贤才相助完成霸业。由此推断，此诗应作于曹操大败袁绍，北征三郡乌桓获得全胜，刘表死，其子刘琮归降曹操之后，即曹操已统一北方之时，在公元 210 年前后。这时，曹操已五十五六岁，放在今天，尚属壮年，但在寿命普遍不高的古代，已是人生的暮年，所以感叹"譬如朝露，去日苦多"。建安十五年（210）春，曹操作《求贤令》，此诗可能作于此文发布前后。在《求贤令》中，曹操强调"自古受命及中兴之君，曷尝不得贤人君子与之共治天下者乎"，"今天下尚未定，此特求贤之急时也"。曹操主张用人的标准，主要是才，而不是德，"唯才是举，吾得而用之"。一诗一文，表达了同样的意思。读《求贤令》有助于我们更好地理解《短歌行》。

《短歌行》表现了曹操统一天下的雄心壮志和顽强的进取精神，具有浓厚的抒情意味。全诗可分为三个部分。"对酒"八句为第一部分，写对时光流逝和功业未成的深沉感慨和忧思。前四句写深沉的感慨。不是说人生苦短，不要虚度光阴，应及时寻乐，而是说时光过得太快了，人生宝贵的年华已失去太多了，必须珍惜时光、珍惜生命，干出一番事业，这是对时光易逝未完成大业的感慨。后四句写深沉的忧思。

为什么歌声慷慨激昂，因为"忧思难忘"。"何以解忧？唯有杜康"，"借酒消愁愁更愁"，诗人更加"忧思难忘"。诗人忧思什么？看了下面的诗，我们知道，是因为渴望得到建功立业的贤才。人间忧思很多，往往思念人是最大的忧思。中间二十句为第二部分，通过对思念贤才和宴请宾客的描写，表现诗人爱才若渴的心情。"青青"八句为第二部分第一层，写对贤才的渴望。贤才身着青衿，应是少年才俊，是满腹经纶的读书人。"但为君故，沉吟至今"，可见思念之深、思念之苦。"呦呦"四句写得到贤才设宴招待的喜悦心情，"我有嘉宾，鼓瑟吹笙"。"明明"八句为第二层，写思得贤才于故旧之中。前四句写未得贤才之忧。贤才高贵如月，很难得到，故而"忧从中来，不可断绝"。后四句写故旧登门，诗人设宴款待喜出望外的心情。贤才不惜"越陌度阡，枉用相存"，诗人分外喜悦。"契阔谈宴，心念旧恩"，可知主客谈得甚欢，情谊浓厚，其乐融融。"月明"四句为第三层，写尚有部分贤才犹豫不决、未定去向。"月明星稀，乌鹊南飞"，暗喻人才可能流失，诗人由上面的喜悦又转入焦虑。"绕树三匝，何枝可依"，写鸟儿择林，树林何尝不择鸟，盼望贤才为我所用。最后四句为全诗的第三部分，写诗人广揽人才以完成统一大业的宏伟抱负。"山不厌高，海不厌深"，诗人希望人才多多益善、百川归海。结尾两句写自己要像周公那样，得到天下人的拥戴。

《短歌行》在艺术上成就很高。全诗以时光易逝和功业未成发出感慨开端，因渴求"青青子衿"建功立业而忧，因嘉宾到来而喜，再因"明明如月"的贤才不可得而忧，再因所求贤才的到来而喜，又因"乌鹊南飞"而忧，最后以周公自比，汲取了力量，充满期待而结束诗篇。由忧到喜，忽忧忽喜，经过几个起伏的回旋，把诗人跌宕不平的心绪和复杂多端的感慨，尽情酣畅地抒发出来。全诗在深沉的忧思中激荡着慷慨昂扬的情绪，表达了诗人在乱世里完成统一大业的艰难和坚如磐石的信念。

# 却东西门行<sup>①</sup>

鸿雁出塞北，乃在无人乡。<sup>②</sup>

举翅万余里，行止自成行。<sup>③</sup>

冬节食南稻，春日复北翔。<sup>④</sup>

田中有转蓬，随风远飘扬。<sup>⑤</sup>

长与故根绝，万岁不相当。<sup>⑥</sup>

奈何此征夫，安得去四方！<sup>⑦</sup>

戎马不解鞍，铠甲不离傍。<sup>⑧</sup>

冉冉老将至，何时反故乡？<sup>⑨</sup>

神龙藏深泉，猛兽步高冈。<sup>⑩</sup>

狐死归首丘，故乡安可忘！<sup>⑪</sup>

【译注】

①乐府诗题，属《相和歌辞·瑟调曲》。余冠英先生说：

"乐府有《东门行》《西门行》，又有《东西门行》。《东西门行》大约是合并《东门行》和《西门行》的调子。曹操此题作《却东西门行》，后来陆机又有《顺东西门行》，'却'和'顺'有人以为是倒唱和顺唱之别，这些都是乐调的变化。"(余冠英《三曹诗选》题解) 曹操用古题作诗，写征夫怀乡之情，内容与乐府古辞无关。

②〔鸿雁出塞北，乃在无人乡。〕大雁出自长城外，那里是个无人乡。鸿雁，一种冬候鸟，也叫大雁。塞北，塞外，指长城以北的地区。乃，表示判断，相当于"是"。

③〔举翅万余里，行止自成行。〕振翅翱翔万余里，飞行栖止自成行。举翅，振翅。行止，飞行栖止，这里偏指飞行。

④〔冬节食南稻，春日复北翔。〕冬季南方食稻谷，春天又要飞北方。冬节，冬季。

⑤〔田中有转（zhuǎn）蓬，随风远飘扬。〕田中长有飞蓬草，随风飘扬去远方。转蓬，随风飘扬的蓬草，又名"飞蓬"，多年生草本植物。《后汉书·舆服志上》："上古圣人见转蓬，始知为轮。"诗中用转蓬比喻行踪不定或身世飘零。

⑥〔长与故根绝，万岁不相当。〕长与本根相分离，千载万年不相逢。当，遭遇，遭逢。不相当，不相逢，指飞蓬离开本根后，不再回来了。

⑦〔奈何此征夫，安得去四方！〕可叹这位出征人，怎离征途回故乡！征夫，出征的人，指诗人自己。去四方，离

开四方回故乡。去，离开。四方，东西南北方，这里指征途。曹操《让县自明本志令》："于谯东五十里筑精舍，欲秋夏读书，冬春射猎，求底下之地，欲以泥水自蔽，绝宾客往来之望，然不能得如意。"由此可知，诗人虽在征途，仍向往故乡读书射猎的生活。

⑧〔戎马不解鞍，铠（kǎi）甲不离傍。〕整天出征在马上，战服始终放身旁。戎马，战马。

⑨〔冉冉（rǎn rǎn）老将至，何时反故乡？〕岁月渐去老将至，何时才能回故乡？冉冉，渐渐地，慢慢地。反，同"返"，返回。屈原《离骚》："老冉冉其将至兮，恐修名之不立。"

⑩〔神龙藏深泉，猛兽步高冈。〕神龙隐藏深渊中，猛虎行走高冈上。泉，原诗应为"渊"，兽，原诗应为"虎"，唐朝人避唐高祖李渊、唐太祖李虎讳改。

⑪〔狐死归首丘，故乡安可忘！〕狐死头终朝故丘，为人故乡怎可忘！首，名词作动词用，头部朝向。丘，这里指狐狸出生的土丘。《礼记·檀弓上》："大公封于营丘，比及五世，皆反葬于周。君子曰：'乐，乐其所自生。礼，不忘其本。古之人有言曰："狐死正丘首，仁也。"'"成语"狐死首丘"，比喻人要不忘根本，不能忘记故乡。

**【鉴赏】**

曹操二十岁举孝廉，想做一郡长官，以政教建立名誉，实现文官治世的理想。后来天下大乱，军阀混战，曹操在乱世中成了英雄，于是志在统一天下，结束割据的混乱局面。从三十多岁起兵参加讨伐董卓开始，直到六十六岁去世，三十多年间，曹操一直是在马背上度过的。对于战争的认识，诗人思想十分复杂：一方面，强烈的使命感要求自己必须在有生之年用武力统一宇内，建功立业；另一方面，他也认识到战争给国家和人民造成灾难。他的诗作名句"白骨露於野，千里无鸡鸣。生民百遗一，念之断人肠"，就有力地说明了这一点。诗人对无休止的马背生活十分厌倦，甚至感到迷茫和困惑，时常情不自禁地思念故乡，向往"秋夏读书，冬春射猎"（《让县自明本志令》）的生活。《却东西门行》就是这种复杂思想的表现。

《却东西门行》写征夫的怀乡之情。征夫，既指驰骋疆场的将士，也指戎马天涯的自己。在怀乡之情方面，诗人和一般将士完全是一致的。全诗可分为四个部分。"鸿雁"六句为第一部分，写候鸟鸿雁每年南北自由迁徙。开头两句写鸿雁的出生地，中间两句写鸿雁飞翔的气势和阵容，结尾两句写鸿雁南北自主飞翔。此处对鸿雁的生活充满赞美和羡慕之情。"田中"四句为第二部分，写转蓬永离故土。前两句写转蓬完全是被动随风飘扬，后两句写转蓬永离故土不回头。诗人哀叹转蓬，既是哀叹征夫，也是哀叹自己。"奈何"六句为第三部分，直接写征夫的怀乡之情。前两句写征夫使命在身，不得离开，中间两句写永无休止的征途生涯，后两句以反问句强调思乡情之强烈。"神龙"四句为第四部分，写神龙、猛虎、狐狸各有定所，不忘故乡。诗人感慨所指十分清楚，动物尚且不离故土，何况有思想情感的人呢？

明末清初思想家王夫之评价这首诗说："着意处皆以兴比写生。"（《船山古诗评选》卷一）比兴是古代诗歌常用的表现手法，宋人朱熹对此作了准确的解释："比者，以彼物比此物也。兴者，先言他物以引起所咏之词也。"（《诗集传》）《却东西门行》首六句以鸿雁比喻征夫，鸿雁每年南北自主飞翔，从反面慨叹征夫有乡不能回的悲凉。"田中"四句以转蓬作比喻，征夫和转蓬命运相同，从正面慨叹征夫有乡不能回的悲凉。以上十句放在诗的开始，既是比，也是兴。全诗结尾四句以龙、虎、狐作比喻，抒发征夫的思乡情愫，将悲凉的感慨推向顶点。

# 陌上桑<sup>①</sup>

驾虹霓，乘赤云，登彼九疑历玉门。<sup>②</sup>
济天汉，至昆仑，见西王母谒东君。<sup>③</sup>
交赤松，及羡门，受要秘道爱精神。<sup>④</sup>
食芝英，饮醴泉，拄杖枝，佩秋兰。<sup>⑤</sup>
绝人事，游浑元，若疾风游欻飘飘。<sup>⑥</sup>
景未移，行数千，寿如南山不忘愆。<sup>⑦</sup>

## 【译注】

①乐府诗题，属《相和歌辞·相和曲》。曹操沿用旧题作诗，内容与原歌辞无关。

②〔驾虹霓（hóng ní），乘赤云，登彼九疑历玉门。〕驾驭着虹霓，乘坐在红色云朵上，登上那九嶷山，越过那玉门关。虹霓，同"虹蜺"，相传彩虹有雄雌之分，颜色鲜者为

雄，称"虹"，颜色淡雅者为雌，称"蜺"，合称"虹蜺"。赤云，红云。九疑，山名，九嶷山。"疑"，一作"嶷"。九嶷山，又名"苍梧山"，在湖南省宁远县南，相传为虞舜所葬地。《汉书·武帝纪》："望祀虞舜于九嶷。"《水经注·湘水》："蟠基苍梧之野，峰秀数郡之间，罗岩九举，各导一溪，岫壑负阻，异岭同势，游者疑焉，故曰九疑山。"玉门，古关名，汉武帝置，因西域输入玉石取道于此，故名，在今甘肃敦煌西。

③〔济天汉，至昆仑，见西王母谒（yè）东君。〕跨过苍穹中的银河，到了昆仑山，拜见了西王母娘娘和东君大仙。天汉，天河，指银河。西王母，传说中的女神，居昆仑山瑶池。东君，太阳神。屈原以"东君"为题作歌祭祀。《汉书·郊祀志上》："晋巫祠五帝、东君、云中君、巫社、巫祠、族人炊之属。"

④〔交赤松，及羡门，受要秘道爱精神。〕结交赤松和羡门，接受养生秘诀怡养体内的精华灵气。赤松，赤松子，传说中的仙人。羡门，传说中的仙人。

⑤〔食芝英，饮醴（lǐ）泉，拄杖枝，佩秋兰。〕吃着灵芝的花，饮着甘甜的泉水，拄着桂枝手杖，佩戴着香草。芝英，灵芝的花，一说是传说中的瑞草名。醴泉，甘甜的泉水。《礼记·礼运》："故天降膏露，地出醴泉。"杖枝，一作"杖桂枝"，桂枝手杖。秋兰，一种香草。

⑥〔绝人事，游浑元，若疾风游欻（xū）飘飘。〕断绝

人间俗事，遨游在大自然之中，如狂风迅速流动。人事，人间俗事，指饮食起居、男女之情、功名利禄等。浑元，一作"混元"，天地，大自然。《文选·班固〈幽通赋〉》："浑元运物，流不处兮。"李周翰注："浑元，天地也。"游欻，迅速流动。游，流动。欻，快速，忽然。张衡《西京赋》："神山崔巍，欻从背见。"飘飘，一作"飘翩"。

⑦〔景（yǐng）未移，行数千，寿如南山不忘愆（qiān）。〕日影未移动，已行数千里，像南山一样长寿却不忘自己的过失。景，同"影"，日光。寿如南山，形容长寿。《诗经·小雅·天保》："如南山之寿，不骞不崩。"愆，过失。

## 【鉴赏】

这是曹操晚年写的一首游仙诗。中平元年（184），曹操应朝廷之征为骑都尉，旋升为典军校尉，后散其家财起兵讨董卓。初平三年（192），曹操用武力收编三十万黄巾军，以兖州为根据地，与众诸侯逐鹿中原。经过几十年的浴血奋战，他先后荡平了吕布、袁术、袁绍、韩遂、刘表等军阀割据势力，统一了中国北方。此时曹操贵为丞相、魏王，挟天子而令诸侯，人生地位可谓登峰造极！但岁月不饶人，此时曹操已六十多岁，可谓垂垂老矣。人已经老了，而昔日的凌云壮志并未完全实现，西蜀刘备、东吴孙权，还和自己构成三国鼎立之势。每当想到此，诗人不仅体累，而且心累，渴望自由自在无忧无虑的生活，渴望长生不老去完成未竟的大业。这样自由与长寿的境界在人间是没有的。于是，不相信神鬼、不相信天命的一代英雄，也只有通过游仙去寻找这种境界。当然，不能据此推断曹操晚年相信仙境的存在。确切地说，诗人是通过这种艺术表现手法来表达自己既向往自由又心怀矛盾的复杂心情。

全诗可分为四个部分。"驾虹霓"三句为第一部分，写去仙境的方式与路径。方式是"驾虹霓，乘赤云"，光彩夺目，神秘莫测。"济天汉"六句为第二部分，写拜见、结交的神仙与收获。拜见了西王母与东君两位神仙，结交了赤松子和羡门两位仙人。收获是领略到长生不老的秘诀，怡养了自己的精神元气。"食芝英"六句为第三部分，写自己的游仙生活。吃的是灵芝花，喝的是甘甜的泉水，拄着桂枝手杖，俨然是神仙中的一员。诗人因为是神仙中的一员，所以断绝了人间各种庸俗之事，像狂风一样飘忽游动。多么快活惬意啊！"景未移"三句为第四部分，写身在仙境仍"不忘愆"的矛盾心情。诗人已长生不老，却仍旧未忘自己的过失。过失是什么，诗人没有明言。未收复西蜀与东吴，国家仍未统一，这是诗人最大的心病。至此，诗人的游仙经过和矛盾心理和盘托出。

关于这首诗的表现手法，清初陈祚明作了概括："若疾风游，上句连下，句法变宕，语亦飘忽。"（《采菽堂诗集》卷五）"句法变宕"，是说表达的形式很灵活，有三个字一句，有七个字一句。句式不受拘束，反复变化，但又有一定的规律，读起来节奏感很强，铿锵有力，增强了诗歌的音乐效果。"语亦飘忽"，是说表达的内容起伏很大。由"驾虹霓，乘赤云"，遨游天地，写到拜神交友，再写到游仙生活，再写到瞬间飞行数千里、寿如南山的神通，镜头快速切换，景象丰富多彩。飘忽的语言把读者带入光怪陆离的世界。

# 秋胡行①

晨上散关山，此道当何难！

晨上散关山，此道当何难！②

牛顿不起，车堕谷间。③

坐盘石之上，弹五弦之琴，

作为清角韵，意中迷烦。④

歌以言志，晨上散关山。⑤一解

有何三老公，卒来在我傍？

有何三老公，卒来在我傍？⑥

负掘被裘，似非恒人。⑦

谓卿云何困苦以自怨，徨徨所欲，来到此间？⑧

歌以言志，有何三老公？⑨二解

我居昆仑山，所谓者真人。

我居昆仑山，所谓者真人。⑩

道深有可得。⑪

名山历观，遨游八极，枕石漱流饮泉。⑫

沉吟不决，遂上升天。⑬

歌以言志，我居昆仑山。⑭三解


去去不可追，长恨相牵攀。

去去不可追，长恨相牵攀。⑮

夜夜安得寐，惆怅以自怜。⑯

正而不谲，辞赋依因。⑰

经传所过，西来所传。⑱

歌以言志，去去不可追。⑲四解


## 【译注】

①乐府旧题，属《相和歌辞·清调曲》。曹操《秋胡行》诗有两首，用旧题作诗，内容与原歌辞无关。这里选的是第一首。此诗共四解，一解相当于一章。

②〔晨上散关山，此道当何难！晨上散关山，此道当何难！〕早晨登上散关山，通过关道多么难！早晨登上散关山，通过关道多么难！散关山，在今陕西省宝鸡市西南。散关，古关名，宋以后称"大散关"，为秦岭咽喉，扼川陕之交通要道，是历代兵家必争之地。诸葛亮出散关，围陈仓，其中

的"散关"即指此关。当何难，该是多么艰难。

③〔牛顿不起，车堕谷间。〕牛困倒而不起身，车辆坠入山谷间。顿，困顿，劳顿。

④〔坐盘石之上，弹五弦之琴，作为清角韵，意中迷烦。〕坐在巨大石头上，轻轻弹起五弦琴，声调凄凉清角韵，心中迷惑不宁。盘石，即磐石，厚而大的石头。清角韵，清角的韵律。清角，曲调名，声音急促凄清。迷烦，迷惑烦恼。

⑤〔歌以言志，晨上散关山。〕用诗歌表达心愿，早晨登上散关山。"歌以言志"，歌唱时为配乐所加，与歌辞内容无关。

⑥〔有何三老公，卒（cù）来在我傍？有何三老公，卒（cù）来在我傍？〕何处仙人三老公，突然来到我身旁？何处仙人三老公，突然来到我身旁？有何，何处，"有"为助词。三老公，古代地方设"三老"以尊养老人。公，对男性的尊称。这里的三老公指居住在昆仑山的神仙。卒，通"猝"，突然。《礼记·文王世子》："适东序，释奠于先老，遂设三老、五更、群老之席位焉。"

⑦〔负揜（yǎn）被（pī）裘（qiú），似非恒人。〕身穿皮衣套罩衣，似乎不是一般人。揜，同"掩"，遮蔽，此处作名词用，指遮蔽之物，即古代套在皮衣上的外罩，又叫"裼衣"。被，通"披"。恒人，一般人。

⑧〔谓卿云何困苦以自怨，徨徨所欲，来到此间？〕问我为何而苦叹，心神不定何所想，因何原因到这里？卿，爱

称，亲爱的，这里指曹操。徨徨，同"惶惶"，心神不定的
样子。此三句为仙人询问曹操的话。

⑨〔歌以言志，有何三老公?〕用诗歌表达心愿，何处
仙人三老公?

⑩〔我居昆仑山，所谓者真人。我居昆仑山，所谓者真
人。〕我住昆仑大山中，被称修真得道人。我住昆仑大山中，
被称修真得道人。真人，道家称"修真得道"或成仙的人。
《楚辞·九思·哀岁》："随真人兮翱翔。"

⑪〔道深有可得。〕道行深厚有可得。道深，道行深，
即僧道修行的功夫深。

⑫〔名山历观，遨游八极，枕石漱流饮泉。〕游遍天下
有名山，遨游八方极远处，枕石漱流饮泉水。名山历观，历
观名山。八极，八方极远的地方。枕石，以石为枕。漱流，
以流水漱口。饮泉，以泉水作饮料。

⑬〔沉吟不决，遂上升天。〕低声自语不决时，于是仙
人飞上天。沉吟，低声自语。遂，于是。

⑭〔歌以言志，我居昆仑山。〕用诗歌表达心愿，我居
昆仑大山中。

⑮〔去去不可追，长恨相牵攀（pān）。去去不可追，长
恨相牵攀。〕去者已远不可追，长恨世事相牵缠。去者已远不
可追，长恨世事相牵缠。去去，指离去已远。牵攀，牵缠，
牵拉。

⑯〔夜夜安得寐（mèi），惆怅（chóu chàng）以自

怜。〕夜夜哪里能安睡，内心伤感而自怜。寐，入睡，睡着。惆怅，伤感，失意。自怜，自伤，自我怜惜。

⑰〔正而不谲（jué），辞赋依因。〕德行端正不诡诈，凭借诗歌表心声。谲，诡诈，狡诈。辞赋，赋体文学的泛称，亦作"词赋"。这里辞赋代指诗歌。依因，凭借。

⑱〔经传（zhuàn）所过，西来所传。〕经传所载过往事，西伐大夏后世传。经传所过，经传所记载的过去的事。经传，过去称儒家古代典籍和儒家的重要作品为"经"，解释经文的书为"传"，合称"经传"。西来，指齐桓公西征大夏之事。传，流传。《史记·齐太公世家》："桓公称曰：'寡人南伐至召陵，望熊山；北伐山戎、离枝、孤竹；西伐大夏，涉流沙；束马悬车登太行，至卑耳山而还。'"曹操以此比喻自己西征张鲁之事。

⑲〔歌以言志，去去不可追。〕用诗歌表达心愿，去者已远不可追。

## 【鉴赏】

建安二十年（215）三月，曹操西征张鲁。张鲁，沛国丰县（今江苏丰县）人，其祖父张陵客居蜀地，在鹤鸣山中学道，造作道书迷惑百姓，信奉的人很多。张陵死后，其子张衡行其道。张衡死后，张鲁继续行道，自号"师君"，声势越来越大，不久取代了地方政权，雄踞巴郡、汉中近三十年。汉朝末年，朝廷没有力量征服张鲁，就封他为镇民中郎将，任汉宁太守。张鲁的部下韩遂、马超叛乱，关西从子午谷投奔张鲁的人有几万家。曹操就是在这个时候西征张鲁。四月，曹操自陈仓出散关，作《秋胡行（晨上散关山）》。

全诗四解。第一解写过散关山的艰难。开头两句抒发感慨："晨上散关山，此道当何难！"此处突出表达这不是一般的行军，登山过关何其艰难！顿时把读者引入紧张的气氛之中。三、四两句重复一、二两句，是配合曲调和抒情的句子，需要有意拉长，不但不让人感到重复，还使感慨的情绪显得更加绵长和沉重。接下来两句实写过山道的艰难："牛顿不起，车堕谷间。"事件典型，语言凝练，描写形象生动，读者仿佛身临其境，感同身受。"坐盘石"四句写诗人如何舒缓紧张的情绪。坐在大石头上弹琴，琴声凄清，心中迷惑。诗人本想用琴声驱散心头的紧张与烦扰，但琴声依旧凄冷，欲罢不能，心里的烦恼怎么也挥之不去。就在这困苦迷惘之际，奇迹出现了，传说中昆仑山中的仙人三老公出现了。三老公的出现使诗人的心境别开生面，烦恼的情绪暂时缓解。第二解写诗人与仙人三老公相遇。前四句写诗人以极其兴奋的心情发问，何方神仙突然来到我身旁？此处表面上是提出疑问，实质是表达诗人遇到知音时的激动心情。"负掮"二句写仙人仙风道骨的外貌，表达自己崇敬的心理。"谓卿"三句写仙人问诗人，实际上是诗人自问，揭示自己的苦闷和困惑。第三解写仙人的自我介绍。前四句介绍仙人的住处在昆仑山，身份是仙人。"名山"三句写仙人的仙境生活。此处表达了诗人对仙人超凡脱俗生活的好奇、羡慕和向往，和自己困苦、自怨的情绪形成鲜明的对照。"沉吟"二句写仙人升天而去，表达了诗人若有所失的心理。第四解写诗人情绪的转变。"去去"四句写个人的向往和世事牵缠的矛盾心情。"夜夜"二句写诗人惆怅自怜的心境。"正而"二句写自己的正气，虽然情绪惆怅，但不自暴自弃，而是德行端正。何以见得，吟咏的辞赋可以做证。"经传"二句写自己的志向。以齐桓公西伐大夏的典故自比，表达了诗人西征张鲁必胜的雄心壮志。

这首诗在表述上的独特之处是，每解的开头两句都要重复一次，每解的末句都是首句的重复。这种重复在修辞上叫反复。反复是根据表达的需要，有意让一个句子或词语重复出现，以强调某种意思，突出某种感情。例如第二解，"有何三老公，卒来在我傍"连说了两遍，结尾又出现"有何三老公"，说明三老公的来到完全出乎意料，表达了诗人见到仙人惊诧、喜悦、兴奋的心情。乐府辞是用来唱的，并配以奏乐，此处运用反复修辞手法，加强了回荡循环的音乐效果。即使近两千年后的今天，我们读了这首诗后，那种音乐的美感仍然能透过感官，直击心灵的深处，令人回味无穷。以"秋胡行"为题，运用反复修辞手法表达诗人的复杂情感，是曹操的独创。此诗也再一次表明，曹操不仅是"改造文章的祖师"（鲁迅语），也是改造诗歌的祖师。

# 谣俗词①

瓮中无斗储，发箧无尺缯。②
友来从我贷，不知所以应。③

## 【译注】

①曹操参考谣俗写了这首歌辞。《毛传》："曲合乐曰歌，
徒歌曰谣。"民间流传的歌叫"民谣"。民谣反映民风民俗，
故称"谣俗"。

②〔瓮（wèng）中无斗储，发箧（qiè）无尺缯
（zēng）。〕瓮中没有一斗粮，打开竹箱无尺缯。瓮，一种盛
东西的陶器，腹大口小。储，存放。发，打开。箧，竹箱。
缯，丝织品的总称。

③〔友来从我贷，不知所以应。〕朋友向我来借贷，不
知如何去应对。贷，借。应，对待。

## 【鉴赏】

东汉末年，天下大乱，军阀混战，人民生活在水深火热之中。从人口大量减少也可以看出这个时期人民灾难深重。汉朝在鼎盛时期人口有六千多万；三国初期，人口不过两千多万；三国末期，魏、蜀、吴三国合计人口只有七百多万。"白骨露於野，千里无鸡鸣。"（《蒿里行》）这是人民苦难生活的真实写照。《谣俗词》是从另一个角度写人民生活的不幸，抓住生活细节，写人民生活的捉襟见肘、饥寒交迫；写因为贫穷，做不起人，没有能力讲究礼节。

全诗四句，一、二两句写生活的窘迫。在古代，一般家庭上有老人，下有孩子，常常有七八口人。这样一大家子，存粮却没有一斗，做衣服的布料却没有一尺。虽然没有写他们吃得怎样、穿得怎样，但可以想象出一家人食不果腹、衣不蔽体的凄凉景象。三、四两句写友人借贷引起的难堪状况。生活已经到了吃了上顿没有下顿的境地，却还有更穷的朋友来借贷，那尴尬的场面可想而知。古人最讲面子，最讲礼节。一般情况下，别人来借东西不好拒绝，更何况是友人前来借东西。拒绝，陷入不讲情义之中；不拒绝，看着嗷嗷待哺的孩子，个中滋味只有从贫困中走过来的人才真正体味到。

全诗只有二十个字，主要运用名词和动词，没有丝毫修饰，没有一点形容，语言平淡如水。但喝了这杯"水"，五味杂陈，浮想联翩。这就是白描的魅力。白描作为文学作品中的表现手法，用极其简练的笔墨，不加以形容和烘托，勾勒出鲜明生动的形象和场景。白描是乐府民歌传统的表现手法，曹操继承了这一传统，创作出许多脍炙人口的诗篇。

文选

# 军谯令①

　　吾起义兵，为天下除暴乱。②旧土人民，死丧略尽。③国中终日行，不见所识，使吾凄怆伤怀。④其举义兵已来，将士绝无后者，求其亲戚以后之。⑤授土田，官给耕牛，置学师以教之。⑥为存者立庙，使祀其先人。⑦魂而有灵，吾百年之后何恨哉！⑧

## 【译注】

　　① 军，驻扎军队。谯，谯县（今安徽省亳州市）。令，一种上级告示下级的文体。

　　② 〔吾起义兵，为天下除暴乱。〕我发起义兵，为天下铲除暴乱。义兵，义师，为正义而战的军队。

　　③ 〔旧土人民，死丧略尽。〕故乡人民，几乎死完了。旧土，原来住过的地方，故乡。死丧，死亡。略尽，将尽。

④〔国中终日行，不见所识，使吾凄怆（qī chuàng）伤怀。〕在故地终日行走，却不见认识的人，使我悲凉而伤心。国中，指军队驻地。凄怆，凄惨，悲伤。伤怀，伤心。

⑤〔其举义兵已来，将士绝无后者，求其亲戚以后之。〕发起义兵以来，那些阵亡的将士中没有后代的人，从他们的亲戚中物色人选，作为他们的后代。以后之，用来作为他们的后代。

⑥〔授土田，官给耕牛，置学师以教之。〕官府给田地，并配给耕牛耕田，设置学校请教师教育这些孩子。授，给予。置，设立，布置。

⑦〔为存者立庙，使祀（sì）其先人。〕为牺牲将士活着的后代立庙，让他们祭祀自己的先人。存者，活着的人，指牺牲将士的后代。祀，祭祀。先人，祖先，亦称已死的父亲。

⑧〔魂而有灵，吾百年之后何恨哉！〕如果逝者有知，我去世后有什么遗憾呢？百年，避讳死的用词。恨，遗憾。

## 【鉴赏】

建安五年（200），曹操大军与袁绍大军相持于官渡（今河南中牟东北），两大军事集团在此展开决战。当时曹军有两万人，袁军有十一万人。曹操奇袭袁军在乌巢的粮仓，继而击败袁军主力。官渡之战是东汉末年三大战役之一，也是中国历史上以弱胜强的著名战役之一。此战奠定了曹操统一中国北方的基础。次年，曹操又击败了袁绍仓亭军，进一步削弱了袁绍军事集团的实力。不久，曹操又南征刘备，刘备逃奔刘表。建安七年（202），曹操大军驻谯县，作《军谯令》。

这篇令文可分为三个部分。头两句为第一部分，写自己的军队为天下除暴，是正义之师。"旧土"至"凄怆伤怀"为第二部分，写故乡伤亡惨重，人民几乎死完了。何以证明？从早到晚在故地走，竟然见不到一个熟人，所以"使吾凄怆伤怀"。"授土"以下句子为第三部分，写如何表彰阵亡将士的牺牲精神。主要举措有二：其一，将士无后人的"求其亲戚以后之"，并分配土地和耕牛，还要办学校教育他们成才。其二，阵亡将士有后代的，官府建庙让他们祭祀自己的先人。这一部分的最后一句交代这些做法是由衷的想法，百年以后没有遗憾。

曹操是一位杰出的政治家和军事家，在东汉末年天下大乱的局面中，凭借自己的军事实力和抑制豪强顺应时代潮流的正确做法，铲平了军阀割据势力，统一了北方。曹操不事空谈，主张用武力说话。但他又有另外的一面，能够清醒地看到战争给人民带来的灾难，他的许多诗篇，都是描写战争近乎灭绝人类的残酷，渴望结束战争，让人民恢复平静的生活。这些诗篇，都或多或少地反映了曹操对遭殃的百姓和军人的同情。这篇令文，指示下属抚恤、支援阵亡将士的后人，不能说不是这种同情心的体现。当然，曹操这样做，重要的原因是激励前方将士更勇猛地参战，从而实现自己的政治理想。但是要看到，不是所有的政治家和军事家都能做到这一点。很多政治家和军事家只看事情的成败，不考虑手段和经过，对百姓和军人的苦难毫无怜悯之心。曹操能够这样做，难道不值得肯定吗？

# 祀故太尉桥玄文①

　　故太尉桥公，诞敷明德，泛爱博容。②国念明训，士思令谟。③灵幽体翳，邈哉晞矣！④吾以幼年逮升堂室，特以顽鄙之姿，为大君子所纳。⑤增荣益观，皆由奖助，犹仲尼称不如颜渊，李生之厚叹贾复。⑥士死知己，怀此无忘。⑦又承从容约誓之言："殂逝之后，路有经由，不以斗酒只鸡过相沃酹，车过三步，腹痛勿怪。"⑧虽临时戏笑之言，非至亲之笃好，胡肯为此辞乎？⑨匪谓灵忿，能诒己疾，旧怀惟顾，念之凄怆。⑩奉命东征，屯次乡里，北望贵土，乃心陵墓。⑪裁致薄奠，公其尚飨！⑫

## 【译注】

　　① 祀，祭祀。故，故人，身故。《水经注·睢水》：睢阳"城北五六里，便得汉太尉桥玄墓，冢东有庙，即曹氏孟德亲

酹处"。

②〔故太尉桥公，诞敷（dàn fū）明德，泛爱博容。〕昔日的太尉桥公，广布大德，博爱而宽容。诞敷，广布。诞，大。敷，传布，传播。明德，完美的德性，大德。泛爱，博爱。博容，胸怀宽广。

③〔国念明训，士思令谟（mó）。〕朝廷怀念您明智的训诫，士人思念您高明的谋略。国，国家，指朝廷。明训，明智的训诫。明，明智。训，教导，训诫。令谟，高明的谋略。令，美好，高明。谟，谋略。

④〔灵幽体翳（yì），邈（miǎo）哉晞（xī）矣！〕您的灵魂在阴曹，躯体埋于地下，离开人间已经很久了。灵幽，灵魂在阴间。灵，灵魂。幽，阴间，阴曹。体翳，躯体被埋葬。翳，遮蔽。邈，远。晞，干，干燥。

⑤〔吾以幼年逮（dài）升堂室，特以顽鄙之姿，为大君子所纳。〕我在年轻的时候有幸到府上登堂入室，只以愚笨的资质，受到德高望重的您的接纳。以，在，于。逮，及，到。升堂室，登堂入室，谓登上厅堂，又进入内室，说明关系亲密。特，只。顽鄙，愚顽鄙陋。资，资质，才能。大君子，才德很高的人，对桥玄的尊称。纳，接纳，接受。

⑥〔增荣益观，皆由奖助，犹仲尼称不如颜渊，李生之厚叹贾复。〕（和您亲近）增添了我的荣誉，扩大了我的视野，（这一切）全是由于您的奖掖和扶助，就像孔子赞扬子贡说自己不如颜渊，李生十分赞叹贾复一样。之，句中助词，

取消句子的独立性。《论语·公冶长》："子谓子贡曰：'女与回也孰愈？'对曰：'赐也何敢望回。回也闻一以知十，赐也闻一以知二。'子曰：'弗如也！吾与女弗如也。'"《后汉书·贾复传》："贾复字君文，南阳冠军人也。少好学，习《尚书》。事舞阴李生，李生奇之，谓门人曰：'贾君之容貌志气如此，而勤于学，将相之器也。'"

⑦〔士死知己，怀此无忘。〕士为知己者死，（这句话）我一直放在心里没有忘记。士，有才的人。死知己，为了解自己、信任自己的人去死。

⑧〔又承从容约誓之言："殂（cú）逝之后，路有经由，不以斗酒只鸡过相沃酹（lèi），车过三步，腹痛勿怪。"〕又承您从容约定告诫我说："（我）去世之后，（你）要是路过我的坟前，不拿斗酒只鸡相探望祭奠，车过不远之后，肚子痛不要责怪。"誓，告诫。殂逝，死亡。斗，盛酒的容器。过，访问，探望。沃酹，洒酒祭奠。沃，浇洒。酹，以酒洒地表示祭奠。

⑨〔虽临时戏笑之言，非至亲之笃（dǔ）好，胡肯为此辞乎？〕虽然是当时开玩笑的话，但如果不是最亲近的情意深厚的朋友，怎么会说这样的话？至亲，最亲近的戚属，关系最亲的人。笃好，情深意厚的好友。

⑩〔匪谓灵忿（fèn），能诒（yí）己疾，旧怀惟顾，念之凄怆（chuàng）。〕不是认为您的灵魂发怒，能使我生病，只是回顾旧日的交情，想到此感到悲伤。匪，同"非"。忿，

发怒。诒,给予。旧怀,昔日的交情。惟,只。顾,回看。

⑪〔奉命东征,屯次乡里,北望贵土,乃心陵墓。〕此次奉命东征,驻扎在家乡,北望您的故里,于是心里想到您的陵墓。屯次,军队驻扎。贵土,指桥玄的家乡睢阳。乃,于是。

⑫〔裁致薄奠,公其尚飨(xiǎng)!〕备送菲薄的祭品,希望您享用。裁致,备送。奠,祭品。其,语气助词。尚飨,亦作"尚享"。尚,表示劝勉、祈使等语气词,旧时祭文常用的结语。袁枚《祭程元衡文》:"哀哉尚享!"


## 【鉴赏】

桥玄,字公祖,东汉梁国睢阳(今河南商丘西南)人。初为河南尹,后拜光禄大夫,光和元年(178)迁太尉。太尉为全国军政首脑,和丞相、御史大夫并称"三公"。曹操年轻时拜访过桥玄。桥玄认为曹操不是一般人,说:"我看天下名士多了,没有人像你,你善于自持。我老了,想把妻子和儿子托付给你。"从此以后,曹操名声变大。桥玄又对曹操说:"你的名气还不够大,可以结交许劭。"许劭,字子将,是东汉末年著名人物评论家,少有名节,善于评价,每月对当时人物进行品评,人称"月旦评"。于是曹操去拜访许劭,许劭接待了他,并给他很高的评价,曹操从此声名大振。建安七年(202),曹操大军驻扎在谯县,曹操派人前往睢阳桥玄墓祭祀，作《祀太尉桥玄文》。

祭文可分为四个部分。"故太尉"七句为第一部分，写对桥玄的极高评价。"诞敷明德，泛爱博容"，写桥玄的功德和人品。功德是广布大德，人品是博爱宽容。"国念明训，士思令谟"，写桥玄对后世的影响深远。朝廷记住他的明智告诫，士人不忘他的智谋。"灵幽体翳，邈哉晞矣"，叹息桥玄已逝久远。"吾以"九句为第二部分，写作者与桥玄的亲密关系。前三句写自己天资不高，却能被桥玄接纳，而且能登堂入室，关系十分亲密。中间四句写作者因桥公的奖助而身价大增。后两句写自己把桥公奖助永记在心。"又承"十三句为第三部分，写桥公生前"约誓之言"。这虽是当时笑谈，但说明桥公与作者之间关系十分亲密。"匪谓"四句写十分怀念恩公桥玄。"奉命"六句为最后一部分，写祭祀桥公的缘由。因东征行军到此，思念恩公，故祭祀为文。

曹操是"改造文章的祖师"（鲁迅语）。曹操的文章和诗一样，极具创造性。汉代散文受辞赋影响，逐渐趋向骈俪化，追求形式美，形成各种固定的格式。特别是祭文，通常是连篇的华美颂词。曹操的散文一改时风，有鲜明的个性，用十分平实的语言，把自己要表述的思想和感情自由地说出来。曹操这篇祭文把作者和桥玄之间的亲密关系以及自己对桥玄的敬仰之情惟妙惟肖地勾勒出来，语言简洁朴素，情真而意切。文中表述作者和桥玄之间的中心事件是桥玄当年的一句玩笑话，说桥玄死后，曹操路过墓前，如不以斗酒只鸡祭奠，车过三步，他的灵魂叫曹操肚子痛。这句玩笑话至少表达了三层意思：其一，桥玄对曹操寄予厚望，相信他日后必有出息。其二，桥玄和曹操之间的关系十分亲密，否则，凭桥玄当时的身份，不会对名不见经传的晚辈说出那样的玩笑话。其三，君子之交淡如水，人与人之间的关系，贵在相知，人生得一知己足矣。桥玄和曹操之间完全是知音知己，杯酒、只鸡就可以聊表心意。如何对待这句玩笑话，作者不是写自己如何感恩戴德，而是同样以玩笑的口气说："不是怕你灵魂发怒，会使我肚子痛，而是回顾旧情，想起来就悲伤。"语言妙趣横生，思念之情跃然纸上。相信读了这篇文章的人，即使文中的词句都忘记了，但桥玄的玩笑话不会忘记，桥玄和曹操的密切关系不会忘记，曹操对桥玄的景仰之情不会忘记，这就是文学的魅力，这就是曹操文章的成功之处。

# 让县自明本志令<sup>①</sup>

　　孤始举孝廉，年少，自以本非岩穴知名之士，恐为海内人之所见凡愚，欲为一郡守，好作政教以建立名誉，使世士明知之。<sup>②</sup>故在济南，始除残去秽，平心选举，违迕诸常侍。<sup>③</sup>以为强豪所忿，恐致家祸，故以病还。<sup>④</sup>

　　去官之后，年纪尚少，顾视同岁中，年有五十，未名为老，内自图之，从此却去二十年，待天下清，乃与同岁中始举者等耳。<sup>⑤</sup>故以四时归乡里，于谯东五十里筑精舍，欲秋夏读书，冬春射猎，求底下之地，欲以泥水自蔽，绝宾客往来之望，然不能得如意。<sup>⑥</sup>

　　后征为都尉，迁典军校尉，意遂更欲为国家讨贼立功，欲望封侯作征西将军，然后题墓道言"汉故征西将军曹侯之墓"，此其志也。<sup>⑦</sup>而遭值董卓之难，兴举义兵。<sup>⑧</sup>是时合兵能多得耳，然常自损，不欲多之。<sup>⑨</sup>所以然者，多兵意盛，与强敌争，倘更为祸始。<sup>⑩</sup>故汴水之战数

# 让县自明本志令[1]

　　孤始举孝廉，年少，自以本非岩穴知名之士，恐为海内人之所见凡愚，欲为一郡守，好作政教以建立名誉，使世士明知之。[2]故在济南，始除残去秽，平心选举，违迕诸常侍。[3]以为强豪所忿，恐致家祸，故以病还。[4]

　　去官之后，年纪尚少，顾视同岁中，年有五十，未名为老，内自图之，从此却去二十年，待天下清，乃与同岁中始举者等耳。[5]故以四时归乡里，于谯东五十里筑精舍，欲秋夏读书，冬春射猎，求底下之地，欲以泥水自蔽，绝宾客往来之望，然不能得如意。[6]

　　后征为都尉，迁典军校尉，意遂更欲为国家讨贼立功，欲望封侯作征西将军，然后题墓道言"汉故征西将军曹侯之墓"，此其志也。[7]而遭值董卓之难，兴举义兵。[8]是时合兵能多得耳，然常自损，不欲多之。[9]所以然者，多兵意盛，与强敌争，倘更为祸始。[10]故汴水之战数

千，后还到扬州更募，亦复不过三千人，此其本志有
限也。⑪

后领兖州，破降黄巾三十万众。⑫又袁术僭号于九
江，下皆称臣，名门曰建号门，衣被皆为天子之制，两
妇预争为皇后。⑬志计已定，人有劝术使遂即帝位，露布
天下，答言"曹公尚在，未可也"。⑭后孤讨禽其四将，
获其人众，遂使术穷亡解沮，发病而死。⑮及至袁绍据河
北，兵势强盛，孤自度势，实不敌之，但计投死为国，
以义灭身，足垂于后。⑯幸而破绍，枭其二子。⑰又刘表自
以为宗室，包藏奸心，乍前乍却，以观世事，据有当
州。⑱孤复定之，遂平天下。⑲身为宰相，人臣之贵已极，
意望已过矣。⑳今孤言此，若为自大，欲人言尽，故无讳
耳。㉑设使国家无有孤，不知当几人称帝，几人称王。㉒

或者人见孤强盛，又性不信天命之事，恐私心相评，
言有不逊之志，妄相忖度，每用耿耿。㉓齐桓、晋文所以
垂称至今日者，以其兵势广大，犹能奉事周室也。㉔《论
语》云："三分天下有其二，以服事殷，周之德可谓至
德矣。"㉕夫能以大事小也。㉖昔乐毅走赵，赵王欲与之图
燕。㉗乐毅伏而垂泣，对曰："臣事昭王，犹事大王；臣
若获戾，放在他国，没世然后已，不忍谋赵之徒隶，况
燕后嗣乎！"㉘胡亥之杀蒙恬也，恬曰："自吾先人及至子
孙，积信于秦三世矣。㉙今臣将兵三十余万，其势足以背
叛，然自知必死而守义者，不敢辱先人之教以忘先王

也。"㉚孤每读此二人书，未尝不怆然流涕也。㉛

孤祖、父以至孤身，皆当亲重之任，可谓见信者矣，以及子桓兄弟，过于三世矣。㉜孤非徒对诸君说此也，常以语妻妾，皆令深知此意。㉝孤谓之言："顾我万年之后，汝曹皆当出嫁，欲令传道我心，使他人皆知之。"㉞孤此言皆肝鬲之要也。㉟所以勤勤恳恳叙心腹者，见周公有《金縢》之书以自明，恐人不信之故。㊱

然欲孤便尔委捐所典兵众，以还执事，归就武平侯国，实不可也。㊲何者？诚恐己离兵为人所祸也。㊳既为子孙计，又己败则国家倾危，是以不得慕虚名而处实祸，此所不得为也。㊴前朝恩封三子为侯，固辞不受，今更欲受之，非欲复以为荣，欲以为外援为万安计。㊵

孤闻介推之避晋封，申胥之逃楚赏，未尝不舍书而叹，有以自省也。㊶奉国威灵，仗钺征伐，推弱以克强，处小而禽大，意之所图，动无违事，心之所虑，何向不济，遂荡平天下，不辱主命，可谓天助汉室，非人力也。㊷然封兼四县，食户三万，何德堪之！江湖未静，不可让位；至于邑土，可得而辞。㊸今上还阳夏、柘、苦三县户二万，但食武平万户，且以分损谤议，少减孤之责也。㊹

## 【译注】

①又作《述志令》。让县，朝廷封赐四县，曹操让还三县。自明志，自己陈述历来的意愿或志向。

②〔孤始举孝廉，年少，自以本非岩穴知名之士，恐为海内人之所见凡愚，欲为一郡守，好作政教以建立名誉，使世士明知之。〕我刚被选拔为孝廉时，年纪很轻，自以为本来不是什么隐居深山的知名人士，恐怕被天下人看作平庸之辈，因此想做一个郡守，好振作刑赏和教化，来建立功名，使世人清楚地了解自己。孤，古代封建王侯的自称。孝廉，汉代选拔官员的科目。孝，指孝敬父母。廉，指清廉正直。举孝廉者多为郎，此为东汉时求仕者必经之路。岩穴，山洞。凡愚，指平凡愚昧的人。政教，指刑赏与教化。《史记·老子韩非列传》："内修政教，外应诸侯。"

③〔故在济南，始除残去秽（huì），平心选举，违迕（wǔ）诸常侍。〕所以在济南任国相，开始就罢免贪赃枉法的官吏，公正地选拔推举人士，因此触犯了那些朝廷宦官的利益。除残去秽，指割除贪赃枉法的官员。违迕，违背触犯。常侍，皇帝身边的侍从官，东汉以宦官充之。

④〔以为强豪所忿，恐致家祸，故以病还。〕因此被豪强所恨，我担心给家族招来灾祸，所以托病辞官还乡。强豪，指倚仗权势横行不守法的人。以病还，托病回乡。

⑤〔去官之后，年纪尚少，顾视同岁中，年有五十，未名为老，内自图之，从此却去二十年，待天下清，乃与同岁

中始举者等耳。〕辞去官职之后，年纪还轻，回头看看同年被推选的人中，有的年纪已经五十岁，还没有被称作老了，自己内心考虑，从此再过二十年，等待天下风清气正了，我才同那些同年被推举为孝廉的人现在的岁数相等罢了。同岁，指同一年被推举为孝廉的人。未名，没有称说。却去，再过。却，再。去，过去。清，廉洁，清明。

⑥〔故以四时归乡里，于谯（qiáo）东五十里筑精舍，欲秋夏读书，冬春射猎，求底下之地，欲以泥水自蔽（bì），绝宾客往来之望，然不能得如意。〕所以决定回归故乡，一年四季住在那里，在谯城东五十里的地方建造书房，打算秋夏两季读书，冬春两季打猎，只求隐居在低洼偏僻的地方，想凭借泥水把自己封闭起来，断绝宾客交往的念头，然而还是不能实现这个愿望。四时，四季，指整年。谯，谯县（在今安徽亳州），曹操的故乡。精舍，旧时书斋，学舍。《后汉书·包咸传》："因住东海，立精舍讲授。"后来也指僧道居住或传道说法之地。底下之地，低洼的地方。底下，犹"低下"。

⑦〔后征为都尉，迁典军校（xiào）尉，意遂更欲为国家讨贼立功，欲望封侯作征西将军，然后题墓道言"汉故征西将军曹侯之墓"，此其志也。〕后来被征召做了都尉，又被提拔为典军校尉，心里就更想为国家讨贼立功，希望能够封侯，当上征西将军，去世之后墓碑上题写"汉故征西将军曹侯之墓"，这就是我当时的志愿。都尉，郡军事长官。校尉，汉代掌管某个军种的将领。中平五年（188）八月，朝廷初

置西园八校尉，虎贲中郎将袁绍为中军校尉，议郎曹操为典军校尉。征西将军，东汉设置，因西征赤眉军而得名。墓道，指墓碑。

⑧〔而遭值董卓之难，兴举义兵。〕然而，遭遇董卓叛乱，各地兴起讨伐的义兵。遭值，遭遇。董卓之难，见《薤露行》注释①。

⑨〔是时合兵能多得耳，然常自损，不欲多之。〕这时招募集合的兵力完全可以多得到一些，然而我常常主动减少，不想增加太多。合兵，纠集士兵。合，集合。自损，自己裁减。多，增多。

⑩〔所以然者，多兵意盛，与强敌争，倘更为祸始。〕所以这样做，是因为兵多气势骄盛，与强敌争斗，或许愈加引起祸端。意盛，气势骄盛。意，气概，气势。倘，或许。更，愈加。

⑪〔故汴水之战数千，后还到扬州更募，亦复不过三千人，此其本志有限也。〕所以汴水之战时我的部队只有几千人，后来回到扬州再招募，也不过三千人，这是因为我本来的志向就有限。汴水之战，初平元年（190），以袁绍为盟主的关东各路义兵讨伐叛贼董卓，然而各怀私心，不敢与董卓正面冲突。曹操不畏强敌率军西进，与董卓部将徐荣在荥阳汴水（今索河，在河南省荥阳西南）交战，由于兵力太弱，又没有援军，最后失败。扬州，东汉末辖今江苏、安徽一带，州治合肥（在今安徽省合肥市）。更募，再招募。

⑫〔后领兖（yǎn）州，破降黄巾三十万众。〕后来兼任兖州牧，击败并收编黄巾军三十万人。领，担任，特指兼任。破降，击破受降。

⑬〔又袁术僭（jiàn）号于九江，下皆称臣，名门曰建号门，衣被皆为天子之制，两妇预争为皇后。〕又有袁术在九江盗用皇帝称号，下面的人都向他称臣，城门被命名为"建号门"，衣服和被褥都采用皇帝的式样，两个老婆预先争着做皇后。僭号，盗用皇帝称号。名门，给门起名字。衣被，衣服和被褥。《史记·司马相如列传》："卓王孙不得已，分予文君僮百人，钱百万，及其嫁时衣被财物。"

⑭〔志计已定，人有劝术使遂即帝位，露布天下，答言"曹公尚在，未可也"。〕（想当皇帝的）心计已定下来了，有人劝说袁术，让他遂心愿登上帝位，公开向天下宣布，袁术回答："曹公还在，不可以。"志计，心计，谋划。遂，遂心，如心愿。露布，亦称"露板""露版"，指文书不加检封，即公开宣布之意。

⑮〔后孤讨禽其四将，获其人众，遂使术穷亡解沮（jǔ），发病而死。〕之后我出兵讨伐，擒获了他的四员大将，俘获了他部下很多人。于是袁术部队势穷力尽，土崩瓦解，袁术本人也得病而死。讨禽，讨伐擒获。禽，通"擒"。获，俘获，擒获。穷亡解沮，崩溃瓦解。亡，逃亡。解，瓦解。沮，败坏。

⑯〔及至袁绍据河北，兵势强盛，孤自度（duó）势，

实不敌之，但计投死为国，以义灭身，足垂于后。〕等到袁绍
占据黄河以北后，军队的势力强大，我衡量自己的实力，确
实不能和他对抗，但已决心誓死为国，为大义献身，可以名
传后世。投死，犹效死。垂，流传。

⑰〔幸而破绍，枭（xiāo）其二子。〕幸而打败了袁绍，
斩了他的两个儿子。枭，悬头示众。官渡之战曹操击败了袁
绍之后，又于建安十年（205）、十二年（207）先后杀死袁
绍之子袁谭和袁尚。

⑱〔又刘表自以为宗室，包藏奸心，乍前乍却，以观世
事，据有当州。〕又有刘表以皇家宗室自居，怀揣奸心，忽进
忽退，而观望世态的变化，占据着荆州。刘表，字景升，东
汉末年军阀，皇家宗室，占据荆州。乍前乍却，忽然向前，
忽然后退。乍，忽然，突然。却，后退。当州，指本州，即
刘表占据的荆州。

⑲〔孤复定之，遂平天下。〕我又平定了刘表叛乱，于
是稳定了天下。定，平定，平暴定乱。

⑳〔身为宰相，人臣之贵已极，意望已过矣。〕我身为
宰相，作为人臣尊贵已到了极点，已超过了本来的愿望。意
望已过，愿望已超过。

㉑〔今孤言此，若为自大，欲人言尽，故无讳（huì）
耳。〕现在我说这些话，好像是自我吹嘘，（实际上是）想使
诽谤的人无话可说，所以才无所忌讳。若为自大，好像是自
大。欲人言尽，想让人感觉到要说的都说完了。言尽，说

完了。

㉒〔设使国家无有孤，不知当几人称帝，几人称王。〕假设国家没有我，不知道会有多少人称帝，多少人称王。设使，假使。

㉓〔或者人见孤强盛，又性不信天命之事，恐私心相评，言有不逊之志，妄相忖度（cǔn duó），每用耿耿。〕也许有人见我的势力强大，又（因为我）天性不相信天命之事，恐怕在私下评论，说我有想当皇帝的野心。这种胡乱猜测，常常使我心里不安。天命，上天的意志和命令。不逊之志，不谦恭的想法，指有称帝的野心。忖度，揣测，猜测。耿耿，心情不安。

㉔〔齐桓、晋文所以垂称至今日者，以其兵势广大，犹能奉事周室也。〕齐桓公、晋文公的名声之所以能够流传到今天，是因为他们的军队实力虽然强大，但还能够侍奉周王室。垂称，名声流传。齐桓，齐桓公，春秋时齐国国君，任用管仲进行改革，国力强盛，居春秋五霸之首。晋文，晋文公，春秋时晋国国君，即位后改革内政，整顿军队，从而使国力强大，成为霸主。

㉕〔《论语》云："三分天下有其二，以服事殷，周之德可谓至德矣。"〕《论语》说："（周文王）虽然占有天下的三分之二，但仍然对殷王朝尽臣道，周文王的道德可以说是最高的道德了。"至德，最高的德行。

㉖〔夫能以大事小也。〕是因为强大的诸侯，能侍奉弱

小的天子啊。夫，用在句首的语气助词。

㉗〔昔乐（yuè）毅走赵，赵王欲与之图燕。〕从前乐毅逃亡在赵国，赵王想和他谋划攻打燕国。走，逃走。图，图谋，策划。

㉘〔乐毅伏而垂泣，对曰："臣事昭王，犹事大王；臣若获戾（lì），放在他国，没世然后已，不忍谋赵之徒隶，况燕后嗣（sì）乎！"〕乐毅跪伏在地上流泪，回答道："我侍奉燕昭王就如同侍奉大王您一样；如果我犯了罪，要流放到其他国家，直到死了为止，也不忍心谋害赵国的犯人，何况是燕王的后人呢！"获戾，获罪，犯罪。放，驱逐，流放。没世，去世。徒隶，旧称服劳役的犯人。后嗣，后代子孙。

㉙〔胡亥（hài）之杀蒙恬（tián）也，恬曰："自吾先人及至子孙，积信于秦三世矣。"〕胡亥杀蒙恬的时候，蒙恬说道："我的祖父到父亲和我，受到秦国的信任累积三代了。"之，句中助词。先人，祖先，常指已死的父亲。积信秦，积信于秦，被秦长期信任。

㉚〔"今臣将（jiàng）兵三十余万，其势足以背叛，然自知必死而守义者，不敢辱先人之教以忘先王也。"〕"现在我带领的军队有三十余万人，拥有的势力足足可以背叛朝廷，然而我知道就是死也一定恪守君臣之义，不敢辱没了先人的教诲，而忘了先王的信任之恩。"将兵，统率军队。辱，玷污，辱没。

㉛〔孤每读此二人书，未尝不怆然流涕也。〕我每次读

关于他们两个人的书，都悲伤流泪。怆然，悲伤的样子。

③②〔孤祖、父以至孤身，皆当亲重之任，可谓见信者矣，以及子桓兄弟，过于三世矣。〕从我的祖父、父亲到我本人，都担当了朝廷亲信而重要的官职，可以说受到朝廷信任了，而到了子桓兄弟一辈，超过了三代。见信，被信任。见，被。子桓，曹操次子，字子桓，即曹丕。

③③〔孤非徒对诸君说此也，常以语（yù）妻妾，皆令深知此意。〕我不是只对各位说这些话，也常常拿这些话告诫妻妾，让她们都深知这个道理。非徒，非只，不只。常以语，"常以此语"的省略。此，这些话。语，动词，相告，告诫。

③④〔孤谓之言："顾我万年之后，汝曹皆当出嫁，欲令传道我心，使他人皆知之。"〕我对她们说道："等到我死后，你们都应当改嫁，要求你们传达我的心愿，使别人知道我的想法。"顾，眷念，想到。万年之后，犹百年之后，死的隐讳说法。汝曹，你们，你辈。传道，传述，传达。

③⑤〔孤此言皆肝鬲（gé）之要也。〕我的这些话都是肺腑之言。肝鬲之要，肺腑之要言。肝，肝脏。鬲，通"膈"，胸膈，胸部的横膈膜。要，要言，切要的话。

③⑥〔所以勤勤恳恳叙心腹者，见周公有《金滕（téng）》之书以自明，恐人不信之故。〕我之所以忠诚恳切地诉说内心的话，（是因为）看到连周公都用《金滕》这样的书来证明自己对周天子的忠诚，我也担心别人不相信我对汉王室忠心的缘故。勤勤恳恳，十分认真恳切。叙心腹，说

说内心的话。《金滕》,《尚书》中的一篇。金滕,密封的金属匣。金,金属。滕,封固。周公是周文王之子,周武王之弟,周成王之叔。武王有病,周公祈祷先王,愿代武王死。史官将周公的祝文放在金滕的匣中,以备查阅。武王死后,成王即位,周公忠心扶助。然而,管叔、蔡叔诽谤周公有谋王篡位之心。于是周公离开京都,避居东都。之后,成王见到金滕里的祝文,执书而泣,遂迎周公回京都成周。

㊲〔然欲孤便尔委捐所典兵众,以还执事,归就武平侯国,实不可也。〕然而想让我就此放弃所统率的众兵,把军队交还朝廷主管的官员,回到武平侯的封地,实在不可以啊。便尔,就此。便,就。尔,如此。委捐,放弃,丢掉。典,主持,掌管。兵众,众兵,军队。武平侯国,建安元年(196),曹操被拜为大将军,被封为武平侯,封地武平称"武平侯国"。

㊳〔何者?诚恐己离兵为人所祸也。〕为什么呢?实在是担心自己丢失了兵权会被人谋害啊。离兵,丢失了兵权。离,离开。兵,军队。

㊴〔既为子孙计,又己败则国家倾危,是以不得慕虚名而处实祸,此所不得为也。〕既是为子孙后代考虑,又担心自己失败而导致国家危难,因此不能爱慕虚名而遭受实际的祸害,这就是我不能那样做的原因。倾危,倾斜欲倒。

㊵〔前朝恩封三子为侯,固辞不受,今更(gēng)欲受之,非欲复以为荣,欲以为外援为万安计。〕先前朝廷施恩加

封我的三个儿子为侯，我坚决推辞不接受，现在又改变主意打算接受它，不是想再以此为荣，而是想以他们作为外援，从而确保（朝廷和我自己）绝对安全考虑。封三子为侯，建安十六年（211），朝廷封曹操的儿子曹植为平原侯、曹据为范阳侯、曹豹为饶阳侯，食邑各五千户。万安，万全，绝对安全。

㊶〔孤闻介推之避晋封，申胥之逃楚赏，未尝不舍书而叹，有以自省也。〕每当我读到介子推逃避晋文公的封赏，申包胥逃避楚昭王的赏赐，未曾不放下书而感叹，并以此反省自己。介推之避晋封，介推，介子推，亦作"介之推"，春秋时期晋国人，曾随晋公子重耳逃亡十九年。重耳以秦穆公之力得返为君。重耳赏赐过去追随他的人，漏掉介子推，介子推隐居绵山。后来晋君寻找他，他藏着不出来。晋君为逼他出来，放火烧山，他坚持不出来，最后被烧死。申胥之逃楚赏，申胥，春秋时期楚国大夫，姓公孙，封于申，号申包胥。吴军攻下楚国都城郢都，申包胥到秦国求援，为劝说秦王痛哭七昼夜，秦王被感动，出兵击退吴军。楚王要封申包胥，申包胥逃避不接受。

㊷〔奉国威灵，仗钺（yuè）征伐，推弱以克强，处小而禽大，意之所图，动无违事，心之所虑，何向不济，遂荡平天下，不辱主命，可谓天助汉室，非人力也。〕我凭借国家的威势，手执黄钺代天子征讨，带领较弱的军队战胜强大的敌人，依靠较少的兵力擒获了强大的对手，心中所谋划的，行动起来没有事与愿违，心里所考虑的，没有实现不了的。

就这样扫平天下，没有辜负朝廷的使命，可以说这是上天扶助汉朝皇室，不是个人的力量能够做到的啊！奉国威灵，凭借国家的威势。奉，恭敬地捧着、拿着，引申为凭借。威灵，声威，威势。仗钺征伐，古代皇帝出征手持钺，有时皇帝任命将军代表自己征伐，也手执钺。仗，拿着。钺，古代兵器，多为青铜制成，形状像斧，比斧大。济，成功，成就。

㊽〔然封兼四县，食户三万，何德堪之！江湖未静，不可让位；至于邑（yì）土，可得而辞。〕然而我的封地有四个县，享受的俸禄三万户，我有什么功德可以配得上这些封赏！现在天下还没有安定，我不能让位；至于封地，可以辞让一部分。封兼四县，封地四个县。封兼，加倍封赏。封，封赏。兼，加倍。四县，即阳夏（今河南太康）、柘（今河南柘城北）、苦（今河南鹿邑东）和武平四县。食户三万，收三万户赋税而食。堪，能承当。邑土，封地。

㊹〔今上还阳夏、柘、苦三县户二万，但食武平万户，且以分损谤议，少减孤之责也。〕现在奉还朝廷阳夏、柘、苦三县二万户的俸禄，只享受武平县一万户的俸禄，姑且以此减少对我的诽谤和议论，从而稍稍减轻对我的要求。少减，稍稍减轻。责，要求，督促。

## 【鉴赏】

这篇令文作于建安十五年（210）十二月。曹操自初平三年（192）破降黄巾军三十万众，组成"青州兵"起，势力渐强，经过近二十年的奋战，击败了中国北方大大小小的军事集团，结束了豪强割据的局面，社会向统一的方向前进。此时，曹操在朝廷的职务是丞相，名义上是受汉王室之托，管理着国事，实际上是真正的最高统治者，"挟天子以令诸侯"。但是，无论在朝廷还是在地方，都存在着一股拥汉势力，代表人物是士族。东汉时期，地主阶级内部逐渐形成的世代读书做官的士族，在政治上和经济上都享受特权。曹操在统一北方的过程中，全部或者部分地剥夺了他们的既得利益。为了保卫现有的利益，夺回失去的权势，士族的矛头必然指向曹操。然而，曹操在他们的眼中无比强大，正面冲突是不可能的，于是他们以拥汉为借口，攻击曹操有"不逊之志"，企图让曹操交出兵权。曹操是务实的政治家，既无视封侯赏地的实利，也不图名垂青史的虚名，为了回应心怀叵测的指责，于是写下了这篇千古名文。

全文可分为两个部分。第一部分是文章一至四段，回顾自己三十多年的从政经历和戎马生涯，表明了自己十分有限的志向。第一段写年少时期的志向。从文章开始到"明知之"，写自己的初心并不高远，只想做一名郡守，以振作一方的政教来建立自己的名誉。以下文字写由于自己疾恶如仇、公心办事得罪了权贵，不得不托病返乡，说明自己自幼重在做实事，而不奢望飞黄腾达。第二段写自己一段读书、射猎的隐居生活。"去官"九句写自己为什么要隐居：因为年纪轻,想读些书,等待复出的时机。接着写自己读书、射猎的隐居生活,最后指出,"欲以泥水自蔽,绝宾客往来之望,然不能得如意"。这里进一步说明青年时代自己的志趣高雅而平淡。第三段用具体事实说明自己凡事务实的本性。"后征"六句写自己最高理想是能为国家讨贼立功,当上征西将军。接着写讨伐董卓时完全有机会扩充一些兵力,"然常自损,不欲多之",后来到扬州招兵,"亦复不过三千人"。作者一再说明自己的志向有限。第四段作者写自己的历史功绩,同时表明自己的心迹。功绩可谓大矣,破降黄巾三十万众,剿灭袁术,荡平袁绍,平定刘表,假设国家没有曹操,"不知当几人称帝,几人称王"。真实想法是:"今孤言此,若为自大,欲人言尽,故无讳耳。"第一部分内容,不骄不躁,娓娓道来,全凭事实说话,顺便十分自然地表明自己从不张扬的心路历程,让反对他的人无话可说,让读了这篇文章的人难以否定其真实性。

第二部分包括五至八段,即文章后半部分。这一部分作者自明本志。第五段以古代的忠臣名将自比,表达自己对汉王室的忠诚。作者首先写由于自己的势力强盛,加之本性又不相信天命,难保别人说自己"有不逊之志",所以为朝廷做事"每用耿耿"。接着作者以齐桓公、晋文公类比,"以其兵势广大,犹能奉事周室",自己当然以他们为榜样,全心全意地忠于朝廷。作者又以乐毅和蒙恬自比,表达自己的真心坚定不移。第六段从家族及自己的身世说事,进一步表达忠心。作者特别交代妻妾，自己百年之后，改嫁他人也要宣传自己的诚意。最后作者借周公的《金縢》之书自比，强调自己对朝廷绝无二心。第七段写考虑到自身、子孙和国家的安全，拒绝让出兵权。第八段以介之推和申包胥赤胆忠心期许自己。这一部分声情并茂，着重阐述作者既无野心，也绝对不能放弃兵权的良苦用心。

这篇令文是曹操唯一一篇超过千字的文章，从功用的角度看是一篇应用文，从文学的角度看是一篇十分精彩的自传体散文，是曹操重要的代表作之一。这篇散文在文学上特点之一是文笔通脱。所谓通脱，即通达脱俗，不受拘束。曹操在写这篇文章时，贵为丞相，一人之下，万人之上，行文却看不到一丝居高临下的派头，而是像和老朋友谈心一样，叙述自己的成长经过，交代自己实力由小到大的历程，同时披露自己细微的心理活动，毫无夸大和粉饰之嫌，使人读后对他的人生经历和处世态度一目了然。文章通达的气势得以充分体现。在谈到自己的历史功绩和对国家的贡献时，曹操不像大多数人臣假惺惺地自谦自责，而是单刀直入，毫无掩饰地说："今孤言此，若为自大，欲人言尽，故无讳耳。设使国家无有孤，不知当几人称帝，几人称王。"真是快人快语，一吐为快，脱俗无拘到了无以复加的地步。

这篇文章在文学上特点之二是文笔清峻。所谓清峻，即清新刚健。在表达自己对朝廷忠贞时，曹操先写从祖父、父亲到自己，都受到朝廷重用，"可谓见信者矣，以及子桓兄弟，过于三世矣"，强调曹氏家族世代对东汉王室忠心不贰；接着写自己如何告诫妻妾在自己百年之后，"欲令传道我心，使他人皆知之"，强调"所以勤勤恳恳叙心腹者，见周公有《金縢》之书以自明，恐人不信之故"。但曹操不像一般的迂儒，他为了名声可以舍弃一切，而在关键问题上寸步不让。曹操说："然欲孤便尔委捐所典兵众，以还执事，归就武平侯国，实不可也。何者？诚恐己离兵为人所祸也。既为子孙计，又己败则国家倾危，是以不得慕虚名而处实祸，此所不得为也。"语言清新刚健，掷地有声，一个忠君爱国但不慕虚名的大智大勇的一代英雄形象栩栩如生地立在天地之间。

# 举贤勿拘品行令

　　昔伊挚、傅说出于贱人，管仲，桓公贼也，皆用之以兴。①萧何、曹参，县吏也，韩信、陈平负污辱之名，有见笑之耻，卒能成就王业，声著千载。②吴起贪将，杀妻自信，散金求官，母死不归，然在魏，秦人不敢东向，在楚则三晋不敢南谋。③今天下得无有至德之人放在民间，及果勇不顾，临敌力战；若文俗之吏，高才异质，或堪为将守；负污辱之名，见笑之行，或不仁不孝而有治国用兵之术：其各举所知，勿有所遗。④

## 【译注】

　　①〔昔伊挚、傅说（yuè）出于贱人，管仲，桓公贼也，皆用之以兴。〕过去伊挚、傅说是奴隶出身，管仲原是齐桓公的敌人，然而（商王、齐桓公）重用他们，使国家得到兴

旺。贱人，地位低下的人，卑贱的人。贼，做坏事的人，此处指敌人。伊挚，又名伊尹，商汤臣，原是商汤妻陪嫁的奴隶，后辅佐商汤打败夏桀建立商朝。管仲，春秋时期齐国人，初事公子纠。齐襄公死后，公子纠与公子小白争夺王位，管仲曾用箭射小白。后来小白即王位后不计前嫌，拜管仲为相。桓公得到管仲的辅佐，富国强兵，九合诸侯，一匡天下，成为春秋五霸之首。

②〔萧何、曹参，县吏也，韩信、陈平负污辱之名，有见笑之耻，卒能成就王业，声著千载。〕萧何、曹参原先只是县里的小吏，韩信、陈平身负被污辱的名声，有被人笑话的耻辱，最终却能（辅佐刘邦）成就帝王大业，留名千载。萧何，西汉初大臣，曾为秦沛县吏，秦末辅佐刘邦起义，楚汉战争时推荐韩信为大将，战时以丞相身份留守关中。刘邦称帝后，封其为酂侯，名列第一。曹参，西汉初大臣，曾为秦沛县狱吏，秦末时跟从刘邦起义，屡建战功，汉朝建立后，被封为平阳侯，后继萧何为丞相。由于其举事无所变更，一遵萧何约束，有"萧规曹随"之称。韩信，西汉初军事家，少时失去父母，生活贫困，每每遭到歧视和冷遇。有一个屠夫对韩信说，你虽然长得又高又大，但敢用剑来刺我吗？如果不敢，就从我的裤裆下钻过去。好汉不吃眼前亏，韩信从屠夫的胯下钻了过去。秦末，韩信属项羽起义军，未得到重用，不久归附刘邦。刘邦任韩信为大将。楚汉战争时，刘邦采纳韩信的意见攻占关中，成就帝业。陈平，西汉初大臣，

少时家贫，好黄老之术。秦末陈胜起义后，陈平投奔陈胜，后从项羽入关，不久后归附刘邦。陈平建议刘邦用反间计使项羽弃用谋士范增，以爵位笼络大将韩信，均被采纳。传说其曾为刘邦六出奇计。

③〔吴起贪将，杀妻自信，散金求官，母死不归，然在魏，秦人不敢东向，在楚则三晋不敢南谋。〕吴起贪求将帅职位，杀死妻子以取信别人，散发钱财取得官职，母亲死了也不回家，然而吴起在魏国，秦人不敢向东扩展疆域，在楚国，三晋不敢对南方有所图谋。吴起，战国时期鲁国人，善用兵，初任鲁将，继而任魏将，战功卓著，受魏重用。后吴起被陷害逃到楚国，他的变法促进了楚国的富强。相传他年轻的时候想当将军，齐国攻打鲁国时，鲁国想起用吴起当将军，但考虑到吴起的妻子是齐国人有些忧虑，吴起听说后把妻子杀了。吴起当上了将军，率军打败了齐国。相传他还卖掉了家产，外出求官，母亲死了也不回家。三晋，春秋末期，韩、赵、魏三家瓜分了晋国，因此战国时期的韩、赵、魏三国，史书上称为"三晋"。

④〔今天下得无有至德之人放在民间，及果勇不顾，临敌力战；若文俗之吏，高才异质，或堪为将守；负污辱之名，见笑之行，或不仁不孝而有治国用兵之术：其各举所知，勿有所遗。〕现在天下是不是有散落在民间的品德高尚的人，以及果敢而奋不顾身，面临敌人能英勇作战的人；是不是有好像是拘礼、平庸的官吏，但实际上天生异质、很有才华，或

许可以做将军、郡守的人；是不是有蒙受坏名声、有被人耻笑的不好行为，或者不仁不孝但有治国用兵本事的人；你们各自要将所知道的人才都推举出来，不要有遗漏。至德，盛德，最高尚的道德。文俗之吏，拘守礼法、安于习俗的官吏。

## 【鉴赏】

东汉末年，天下大乱，军阀割据。曹操能击败群雄统一北方，一个重要原因就是曹操的阵营里人才济济。曹操为宦官家庭出身，本来吸引人才有不利的一面，但他充分利用汉王室的名义，凭借手握重兵的军威，广泛地搜罗人才。那些在别处不得意，或主人已失败的士，不得不投到曹操的帐下。大谋士荀彧就是从袁绍的阵营投奔过来的。曹操还主动地争取谋士。司马懿称病不应征召，曹操用处死的惩罚迫使他出来做官。祢衡常常当众骂曹操，曹操大怒，但不杀他，把他送到刘表那里，表示爱惜人才。曹操这篇令文作于建安二十二年（217），这年曹操六十三岁，这篇文章实际上是他一生物色人才、使用人才的心得体会，充满真知灼见。

令文内容可分为两个部分。第一部分从文章开头到"则三晋不敢南谋"，写古代八位原来地位低下或名声不好、品行不端的人却能辅佐帝王成就大业。伊挚，奴隶出身，辅佐成汤灭夏，建立商朝；傅说，奴隶出身，做过泥瓦工，辅佐殷商高宗武丁安邦治国；管仲，原是齐桓公的敌人，却受到重用，辅佐齐桓公成就霸业；萧何、曹参原是小吏，韩信、陈平"负污辱之名，有见笑之耻"，均能"成就王业"；吴起，原来劣迹斑斑，用了他却使敌国畏而却步。这一部分论述了曹操的用人标准：英雄不问出处，用人唯才是举。语言洋洋洒洒，通脱透彻，全凭事实说话，没有一句空泛的大道理。

文章后半部分为第二部分，写推选人才的具体要求。文中要求选人时不能遗漏了三种人：第一种，品德好和英勇敢战的人；第二种，看上去平庸，却有真才实学的人；第三种，名声和品行不好，却有治国用兵之术的人。总之，"各举所知，勿有所遗"。不同的人才，有不同的录用标准，下属极易操作。令文是应用文，作为应用文，这篇文章语言流畅、平实、准确。

# 遗　令①

　　吾夜半觉小不佳，至明日饮粥汗出，服当归汤。②

　　吾在军中持法是也。③至于小忿怒，大过失，不当效也。④天下尚未安定，未得遵古也。⑤吾有头病，自先著帻。⑥吾死之后，持大服如存时，勿遗。⑦百官当临殿中者，十五举音，葬毕便除服；其将兵屯戍者，皆不得离屯部，有司各率乃职。⑧敛以时服，葬于邺之西冈上，与西门豹祠相近，无藏金玉珍宝。⑨

　　吾婢妾与伎人皆勤苦，使著铜雀台，善待之。⑩于台堂上安六尺床，施繐帐，朝晡上脯糒之属，月旦十五日，自朝至午，辄向帐中作伎乐。⑪汝等时时登铜雀台，望吾西陵墓田。⑫余香可分与诸夫人，不命祭。⑬诸舍中无所为，可学作组履卖也。⑭吾历官所得绶，皆著藏中。⑮吾余衣裘，可别为一藏，不能者兄弟可共分之。⑯

## 【译注】

①曹操这篇令文散见于各典籍之中，文字多有不同，本文选自《曹操集》（中华书局校勘本）。

②〔吾夜半觉小不佳，至明日饮粥汗出，服当归汤。〕我在半夜时觉得身体有些不舒服，到第二天饮粥出了汗，服了当归汤。当归汤，中药，有镇定活血作用。

③〔吾在军中持法是也。〕我在军中依法行事是对的。持法，执行法令。

④〔至于小忿怒，大过失，不当效也。〕至于小的忿怒，大的过失，不应当效法。忿怒，感觉不平而恼怒。效，仿效，学习。

⑤〔天下尚未安定，未得遵古也。〕天下还未安定，不能遵照古人的丧葬制度。遵古，指遵照丧葬的古礼，大办丧事，陪葬金玉珍宝。

⑥〔吾有头病，自先著（zhuó）帻（zé）。〕我有头疼病，自然首先戴上头巾。帻，头巾。

⑦〔吾死之后，持大服如存时，勿遗。〕我死了以后，身穿礼服如活着时一样，不要忘了。持，持服，穿衣。遗，遗漏。

⑧〔百官当临殿中者，十五举音，葬毕便除服；其将兵屯戍（tún shù）者，皆不得离屯部，有司各率乃职。〕百官应当来殿中吊丧的，哭十五声，安葬结束就要脱去丧服。那些率兵驻守的将领，都不得离开驻地，官吏要各司其职。有

司，指主管某一部门的官员，泛指官吏。

⑨〔敛（liàn）以时服，葬于邺（yè）之西冈上，与西门豹祠相近，无藏金玉珍宝。〕入棺时穿当时穿的衣服，葬在邺城西面的山冈之上，与西门豹祠堂靠近，（墓中）不要放金玉珍宝。敛，同"殓"，将人的尸体装进棺材。时服，指去世时那个季节穿的衣服。西门豹，战国时魏人，魏文侯时任邺令。邺地三老等勾结女巫敛财，谎称为河神娶妇，每年择民女沉入漳河。西门豹下令投三老、女巫于河中，恶习乃除。他又组织民众开渠十二道，引漳河水灌田，自此地方富足。

⑩〔吾婢妾与伎（jì）人皆勤苦，使著（zhuó）铜雀台，善待之。〕我的婢妾、歌舞艺人都勤劳辛苦，安置她们住在铜雀台，要善待她们。伎人，歌舞艺人。铜雀台，建安十五年（210），曹操造铜雀、金虎、冰井三台。故址位于今河北邯郸临漳西南。铜雀台高十丈，有房屋一百二十间，楼顶置大铜雀，展翼欲飞，故曰"铜雀台"。

⑪〔于台堂上安六尺床，施繐（suì）帐，朝（zhāo）晡（bū）上脯（fǔ）糒（bèi）之属，月旦十五日，自朝至午，辄（zhé）向帐中作伎乐（lè）。〕在铜雀台堂屋上放一张六尺长的床，挂上灵幔，早晚上些干肉、干饭之类的祭品，每月初一、十五两天，从早上到中午，面向灵幔演奏歌舞。繐帐，设在柩前或灵前的帐幕。朝，早晨。晡，申时，下午三到五点的时间。脯，干肉。糒，干饭。辄，就。伎乐，一

种舞蹈名称。

⑫〔汝等时时登铜雀台，望吾西陵墓田。〕你们时时登上铜雀台，看望我所在的西陵墓地。

⑬〔余香可分与诸夫人，不命祭。〕剩余的香可分给各位夫人，不要用来祭祀。香，指香料制成品，如熏香。

⑭〔诸舍中无所为，可学作组履卖也。〕各房中人没有事做，可以学着制作丝带和鞋子卖。组，丝带。履，鞋子。

⑮〔吾历官所得绶（shòu），皆著（zhù）藏（zàng）中。〕我历来做官所得到的绶带，都积聚在府库中。绶，绶带，用来系官印或勋章的丝带，常用不同的颜色标识官员的身份和等级。著，同"贮"，积聚。藏，府藏，官府储存东西的地方。

⑯〔吾余衣裘（qiú），可别为一藏（zàng），不能者兄弟可共分之。〕我遗留下的衣服、皮衣，可另外放到一个库中，如不能够，兄弟们共同分掉。裘，毛皮的衣服。据说，曹操死后，这些衣物被他的儿子们分了。

## 【鉴赏】

曹操于建安二十五年（220）正月去世，虚六十六岁。去世前半年内，他做了两件大事。其一是处决了文官杨修。曹丕已被立为魏王太子，杨修是曹植的谋士，很有才能，曹操担心其日后对曹丕不利。曹操处决杨修后，给杨修的父亲杨彪送了大批财物，并写信说明杀杨修的理由："你的儿子常常与我不同心，我想纠正他，他却颇怀怨恨。我本认为他能自动改正，然而他更加放纵，要是再宽恕他，将使你全家受牵连。"曹操极具政治远见，决不让王位继承有任何不稳定因素。曹操在去世前做的第二件大事是，作《策立卞后》，立卞氏为后。文曰："夫人卞氏，抚养诸子，有母仪之德。今进位王后，太子诸侯陪位群卿上寿，减国内死罪一等。"对卞氏评价很高。卞氏歌伎出身，二十岁时被曹操纳为妾。卞氏是曹丕、曹植的生母。卞氏为王后，母仪天下，曹丕继承的王位将更加巩固。曹操是务实的政治家，政治上作了周密的安排之后，遗令里只需交代一下身后的琐事了。

全文可分为三个部分。第一部分为开头三句，写作遗令时的身体状况。第二部分自"吾在军中"至"无藏金玉珍宝"，是对葬礼及安葬事务的具体交代。"吾在"四句嘱咐对自己要有正确态度，肯定自己在军中依法办事是正确的，对自己"小忿怒，大过失"不要盲目学习。"天下"至"有司各率乃职"，写对葬礼的安排。作者首先指出，"天下尚未安定，未得遵古也"，强调葬礼必须从俭；接着交代自己要"著帻"，"持大服"，穿戴要和自己当时活着的时候一样；再写百官参加丧礼，礼节从俭，"葬毕便除服"，屯戍者不得离岗，百官要各司其职。"敛以"四句交代将自己葬于何处，棺中不得放金玉珍宝。这表现了曹操在临终之时头脑清醒，要求后人与下属对自己的评价必须客观，对葬礼的安排必须从俭，将士不离屯部，官员各司其职，陪葬必须节约，体现了一代豪杰务实、豁达、节俭的精神境界。第三部分自"吾婢妾与伎人"至"可共分之"，写曹操对婢妾伎人的安排和对身后衣物的处理。"吾婢"三句交代对"婢妾伎人"的原则要"善待之"。"于台"六句交代"婢妾伎人"日常工作，即面向亡灵表演歌舞。"汝等"二句写希望自己的儿子常登铜雀台，遥望墓田表示孝心。"余香"四句写婢妾伎人可制作丝带、鞋子打发时光，增加收入。"吾历"五句交代儿子们可将自己遗留的绶带、衣裘分掉。这些遗言虽然极其琐碎，却表现了曹操对婢妾伎人细致入微的关怀，对孩子充满爱心，体现了叱咤风云的一代英雄曹操精神的另一面，感情丰富而细腻。

　　读了这篇《遗令》，人们也许会问，关于曹魏取代汉皇室这样的大事，曹操为什么只字未提。这和曹操复杂的人格和心理有关。曹操是旷世英雄，怀揣远大的抱负，当他征服群雄统一北方之后，不可能不思考是否要取代汉皇室这件大事。但曹操又是一个儒生，在他的诗文里十分推崇儒家的政治主张，把孔孟竭力颂扬的齐桓公、晋文公、周文王、周公作为自己崇拜的偶像。他在《让县自明本志令》一文中说："齐桓、晋文所以垂称至今日者，以其兵势广大，犹能奉事周室也。《论语》云：'三分天下有其二，以服事殷，周之德可谓至德矣。'夫能以大事小也。"又说："所以勤勤恳恳叙心腹者，见周公有《金縢》之书以自明，恐人不信之故。"他是这么说的，也是这么做的。曹操统一了北方之后，凭他的智商，一定会知道，他本人取代汉皇室，要比儿孙取代汉皇室政治风险小得多，但他坚决不这样做。孙权上书自称臣，并说这是遵天命，曹操把孙权的信拿给别人看，说："是儿欲踞吾著炉火上邪！"（晋·陈寿《三国志·武帝纪》注引《魏略》）曹操又说："若天命在吾，吾为周文王矣。"（晋·陈寿《三国志·武帝纪》注引《魏氏春秋》）他的心意很明白，为了保持名节，自己在世的时候决不称帝。他要像周文王那样，虽然自己的势力比皇室大，但决不取代皇室。至于自己的继承人如何，曹操是个聪明人，知道这样的话不必自己说。

附 录

# 三国志·武帝纪 节录

太祖武皇帝，沛国谯人也，姓曹，讳操，字孟德，汉相国参之后。桓帝世，曹腾为中常侍大长秋，封费亭侯。养子嵩嗣，官至太尉，莫能审其生出本末。嵩生太祖。太祖少机警，有权数，而任侠放荡，不治行业，故世人未之奇也；惟梁国桥玄、南阳何颙异焉。玄谓太祖曰："天下将乱，非命世之才不能济也，能安之者，其在君乎!"年二十，举孝廉为郎，除洛阳北部尉，迁顿丘令，征拜议郎。光和末，黄巾起。拜骑都尉，讨颍川贼。迁为济南相，国有十余县，长吏多阿附贵戚，赃污狼藉，于是奏免其八；禁断淫祀，妊宄逃窜，郡界肃然。久之，征还为东郡太守；不就，称疾归乡里。顷之，冀州刺史王芬、南阳许攸、沛国周旌等连结豪杰，谋废灵帝，立合肥侯，以告太祖，太祖拒之。芬等遂败。金城边章、韩遂杀刺史郡守以叛，众十余万，天下骚动。征太祖为典军校尉。会灵帝崩，太子即位，太后临朝。大将军何进与袁绍谋诛宦官，太后不听。进乃召董卓，欲以胁太后，卓未至而进见杀。卓到，废帝为弘农王而立献帝，京都大乱。卓表太祖为骁骑校尉，欲与计事。太祖乃变易姓名，间行东归。出关，过中牟，为亭长所疑，执诣县，邑中或窃识之，为请得解。卓遂杀太后及弘农王。太祖至陈留，散家财，合义兵，将以诛卓。冬十二月，始起兵于己吾，是岁中平六年也。

初平元年春正月，后将军袁术、冀州牧韩馥、豫州刺史孔伷、兖州刺史刘岱、河内太守王匡、勃海太守袁绍、陈留太守张邈、东郡太守桥瑁、山阳太守袁遗、济北相鲍信同时俱起兵，众各数万，推绍为盟主。太祖行奋武将军。二月，卓闻兵起，乃徙天子都长安。卓留屯洛阳，遂焚宫室。是时绍屯河内，邈、岱、瑁、遗屯酸枣，术屯南阳，伷屯颍川，馥在邺。卓兵强，绍等莫敢先进。太祖曰："举义兵以诛暴乱，大众已合，诸君何疑？向使董卓闻山东兵起，倚王室之重，据二周之险，东向以临天下；虽以无道行之，犹足为患。今焚烧宫室，劫迁天子，海内震动，不知所归，此天亡之时也。一战而天下定矣，不可失也。"遂引兵西，将据成皋。邈遣将卫兹分兵随太祖。到荥阳汴水，遇卓将徐荣，与战不利，士卒死伤甚多。太祖为流矢所中，所乘马被创，从弟洪以马与太祖，得夜遁去。荣见太祖所将兵少，力战尽日，谓酸枣未易攻也，亦引兵还。太祖到酸枣，诸军兵十余万，日置酒高会，不图进取。太祖责让之，因为谋曰："诸君听吾计，使勃海引河内之众临孟津，酸枣诸将守成皋，据敖仓，塞轘辕、太谷，全制其险；使袁将军率南阳之军军丹、析，入武关，以震三辅；皆高垒深壁，勿与战，益为疑兵，示天下形势，以顺诛逆，可立定也。今兵以义动，持疑而不进，失天下之望，窃为诸君耻之！"邈等不能用。太祖兵少，乃与夏侯惇等诣扬州募兵，刺史陈温、丹杨太守周昕与兵四千余人。还到龙亢，士卒多叛。至铚、建平，复收兵得千余人，进屯河内。刘岱与桥瑁相恶，岱杀瑁，以王肱领东郡太守。袁绍与韩馥谋立幽州牧刘虞为帝，太祖拒之。绍又尝得一玉印，于太祖坐中举向其肘，太祖由是笑而恶焉。

二年春，绍、馥遂立虞为帝，虞终不敢当。夏四月，卓还长安。秋七月，袁绍胁韩馥，取冀州。黑山贼于毒、白绕、眭固等十余万众略魏郡、东郡，王肱不能御，太祖引兵入东郡，击白绕于濮阳，破之。袁绍因表太祖为东郡太守，治东武阳。

三年春，太祖军顿丘，毒等攻东武阳。太祖乃引兵西入山，攻毒等本屯。毒闻之，弃武阳还。太祖要击眭固，又击匈奴於夫罗于内黄，皆大破之。夏四月，司徒王允与吕布共杀卓。卓将李傕、郭汜等杀允攻布，布败，东出武关。傕等擅朝政。青州黄巾众百万入兖州，杀任城相郑遂，转入东平。刘岱欲击之，鲍信谏曰："今贼众百万，百姓皆震恐，士卒无斗志，不可敌也。观贼众群辈相随，军无辎重，唯以钞略为资，今不若畜士众之力，先为固守。彼欲战不得，攻又不能，其势必离散，后选精锐，据其要害，击之可破也。"岱不从，遂与战，果为所杀。信乃与州吏万潜等至东郡迎太祖领兖州牧。遂进兵击黄巾于寿张东。信力战斗死，仅而破之。购求信丧不得，众乃刻木如信形状，祭而哭焉。追黄巾至济北。乞降。冬，受降卒三十余万，男女百余万口，收其精锐者，号为"青州兵"。袁术与绍有隙，术求援于公孙瓒，瓒使刘备屯高唐，单经屯平原，陶谦屯发干，以逼绍。太祖与绍会击，皆破之。

四年春，军鄄城。荆州牧刘表断术粮道，术引军入陈留，屯封丘，黑山余贼及於夫罗等佐之。术使将刘详屯匡亭。太祖击详，术救之，与战，大破之。术退保封丘，遂围之，未合，术走襄邑，追到太寿，决渠水灌城。走宁陵，又追之，走九江。夏，太祖还军定陶。下邳阙宣聚众数千人，自称天子；徐州牧陶谦与共举兵，取泰山华、费，略任城。秋，太祖征陶谦，下十余城，谦守城不敢出。是岁，孙策受袁术使渡江，数年间遂有江东。

兴平元年春，太祖自徐州还。初，太祖父嵩，去官后还谯，董卓之乱，避难琅邪，为陶谦所害，故太祖志在复仇东伐。夏，使荀彧、程昱守鄄城，复征陶谦，拔五城，遂略地至东海。还过郯，谦将曹豹与刘备屯郯东，要太祖。太祖击破之，遂攻拔襄贲，所过多所残戮。会张邈与陈宫叛迎吕布，郡县皆应。荀彧、程昱保鄄城，范、东阿二县固守，太祖乃引军还。布到，攻鄄城不能下，西屯濮阳。太祖曰："布一旦得一州，不能据东平，断亢父、泰山之道，乘险要我，而乃屯濮阳，吾知其无能为也。"遂进军攻之。布出兵战，先以骑犯青州兵。青州兵奔，太祖陈乱，驰突火出，坠马，烧左手掌。司马楼异扶太祖上马，遂引去。未至营止，诸将未与太祖相见，皆怖。太祖乃自力劳军，令军中促为攻具，进复攻之，与布相守百余日。蝗虫起，百姓大饿，布粮食亦尽，各引去。秋九月，太祖还鄄城。布到乘氏，为其县人李进所破，东屯山阳。于是绍使人说太祖，欲连和。太祖新失兖州，军食尽，将许之。程昱止太祖，太祖从之。冬十月，太祖至东阿。是岁谷一斛五十余万钱，人相食，乃罢吏兵新募者。陶谦死，刘备代之。

二年春，袭定陶。济阴太守吴资保南城，未拔。会吕布至，又击破之。夏，布将薛兰、李封屯钜野，太祖攻之，布救兰，兰败，布走，遂斩兰等。布复从东缗与陈宫将万余人来战，时太祖兵少，设伏，纵奇兵击，大破之。布夜走，太祖复攻，拔定陶，分兵平诸县。布东奔刘备，张邈从布，使其弟超将家属保雍丘。秋八月，围雍丘。冬十月，天子拜太祖兖州牧。十二月，雍丘溃，超自杀，夷邈三族。邈诣袁术请救，为其众所杀，兖州平，遂东略陈地。是岁，长安乱，天子东迁，败于曹阳，渡河幸安邑。

建安元年春正月，太祖军临武平，袁术所置陈相袁嗣降。太祖将迎天子，诸将或疑，荀彧、程昱劝之，乃遣曹洪将兵西迎，卫将军董承与袁术将苌奴拒险，洪不得进。汝南、颍川黄巾何仪、刘辟、黄邵、何曼等，众各数万，初应袁术，又附孙坚。二月，太祖进军讨破之，斩辟、邵等，仪及其众皆降。天子拜太祖建德将军，夏六月，迁镇东将军，封费亭侯。秋七月，杨奉、韩暹以天子还洛阳，奉别屯梁。太祖遂至洛阳，卫京都，暹遁走。天子假太祖节钺，录尚书事。洛阳残破，董昭等劝太祖都许。九月，车驾出辕辕而东，以太祖为大将军，封武平侯。自天子西迁，朝廷日乱，至是宗庙社稷制度始立。天子之东也，奉自梁欲要之，不及。冬十月，公征奉，奉南奔袁术，遂攻其梁屯，拔之。于是以袁绍为太尉，绍耻班在公下，不肯受。公乃固辞，以大将军让绍。天子拜公司空，行车骑将军。是岁用枣祗、韩浩等议，始兴屯田。吕布袭刘备，取下邳。备来奔。程昱说公曰："观刘备有雄才而甚得众心，终不为人下，不如早图之。"公曰："方今收英雄时也，杀一人而失天下之心，不可。"张济自关中走南阳。济死，从子绣领其众。

二年春正月，公到宛。张绣降，既而悔之，复反。公与战，军败，为流矢所中，长子昂、弟子安民遇害。公乃引兵还舞阴，绣将骑来钞，公击破之。绣奔穰，与刘表合。公谓诸将曰："吾降张绣等，失不便取其质，以至于此。吾知所以败。诸卿观之，自今已后不复败矣。"遂还许。袁术欲称帝于淮南，使人告吕布。布收其使，上其书。术怒，攻布，为布所破。秋九月，术侵陈，公东征之。术闻公自来，弃军走，留其将桥蕤、李丰、梁纲、乐就；公到，击破蕤等，皆斩之。术走渡淮。公还许。公之自舞阴还也，南阳章陵诸县复叛为绣，公遣曹洪击之，不利，还屯叶，数为绣、表所侵。冬十一月，公自南征，至宛。表将邓济据湖阳。攻拔之，生擒济，湖阳降。攻舞阴，下之。

三年春正月，公还许，初置军师祭酒。三月，公围张绣于穰。夏五月，刘表遣兵救绣，以绝军后。公将引还，绣兵来追，公军不得进，连营稍前。公与荀彧书曰："贼来追吾，虽日行数里，吾策之，到安众，破绣必矣。"到安众，绣与表兵合守险，公军前后受敌。公乃夜凿险为地道，悉过辎重，设奇兵。会明，贼谓公为遁也，悉军来追。乃纵奇兵步骑夹攻，大破之。秋七月，公还许。荀彧问公："前以策贼必破，何也？"公曰："虏遏吾归师，而与吾死地战，吾是以知胜矣。"吕布复为袁术使高顺攻刘备，公遣夏侯惇救之，不利。备为顺所败。九月，公东征布。冬十月，屠彭城，获其相侯谐。进至下邳，布自将骑逆击。大破之，获其骁将成廉。追至城下，布恐，欲降。陈宫等沮其计，求救于术，劝布出战，战又败，乃还固守，攻之不下。时公连战，士卒罢，欲还，用荀攸、郭嘉计，遂决泗、沂水以灌城。月余，布将宋宪、魏续等执陈宫，举城降，生禽布、宫，皆杀之。太山臧霸、孙观、吴敦、尹礼、昌豨各聚众。布之破刘备也，霸等悉从布。布败，获霸等，公厚纳待，遂割青、徐二州附于海以委焉，分琅邪、东海、北海为城阳、利城、昌虑郡。初，公为兖州，以东平毕谌为别驾。张邈之叛也，邈劫谌母弟妻子；公谢遣之，曰："卿老母在彼，可去。"谌顿首无二心，公嘉之，为之流涕。既出，遂亡归。及布破，谌生得，众为谌惧，公曰："夫人孝于其亲者，岂不亦忠于君乎！吾所求也。"以为鲁相。

四年春二月，公还至昌邑。张杨将杨丑杀杨，眭固又杀丑，以其众属袁绍，屯射犬。夏四月，进军临河，使史涣、曹仁渡河击之。固使杨故长史薛洪、河内太守缪尚留守，自将兵北迎绍求救，与涣、仁相遇犬城。交战，大破之，斩固。公遂济河，围射犬。洪、尚率众降，封为列侯，还军敖仓。以魏种为河内太守，属以河北事。初，公举种孝廉。兖州叛，公曰："唯魏种且不弃孤也。"及闻种走，公怒曰："种不南走越、北走胡，不置汝也！"既下射犬，生禽种，公曰："唯其才也！"释其缚而用之。是时袁绍既并公孙瓒，兼四州之地，众十余万，将进军攻许。诸将以为不可敌，公曰："吾知绍之为人，志大而智小，色厉而胆薄，忌克而少威，兵多而分画不明，将骄而政令不一，土地虽广，粮食虽丰，适足以为吾奉也。"秋八月，公进军黎阳，使臧霸等入青州破齐、北海、东安，留于禁屯河上。九月，公还许，分兵守官渡。冬十一月，张绣率众降，封列侯。十二月，公军官渡。袁术自败于陈，稍困，袁谭自青州遣迎之。术欲从下邳北过，公遣刘备、朱灵要之。会术病死。程昱、郭嘉闻公遣备，言于公曰："刘备不可纵。"公悔，追之不及。备之未东也，阴与董承等谋反，至下邳，遂杀徐州刺史车胄，举兵屯沛。遣刘岱、王忠击之，不克。庐江太守刘勋率众降，封为列侯。

　　五年春正月，董承等谋泄，皆伏诛。公将自东征备，诸将皆曰："与公争天下者，袁绍也。今绍方来而弃之东，绍乘人后，若何？"公曰："夫刘备，人杰也，今不击，必为后患。袁绍虽有大志，而见事迟，必不动也。"郭嘉亦劝公，遂东击备，破之，生禽其将夏侯博。备走奔绍，获其妻子。备将关羽屯下邳，复进攻之，羽降。昌豨叛为备，又攻破之。公还官渡，绍卒不出。二月，绍遣郭图、淳于琼、颜良攻东郡太守刘延于白马，绍引兵至黎阳，将渡河。夏四月，公北救延。荀攸说公曰："今兵少不敌，分其势乃可。公到延津，若将渡兵向其后者，绍必西应之，然后轻兵袭白马，掩其不备，颜良可禽也。"公从之。绍闻兵渡，即分兵西应之。公乃引军兼行趣白马，未至十余里，良大惊，来逆战。使张辽、关羽前登，击破，斩良。遂解白马围，徙其民，循河而西。绍于是渡河追公军，至延津南。公勒兵驻营南阪下，使登垒望之，曰："可五六百骑。"有顷，复白："骑稍多，步兵不可胜数。"公曰："勿复白。"乃令骑解鞍放马。是时，白马辎重就道。诸将以为敌骑多，不如还保营。荀攸曰："此所以饵敌，如何去之！"绍骑将文丑与刘备将五六千骑前后至。诸将复白："可上马。"公曰："未也。"有顷，骑至稍多，或分趣辎重。公曰："可矣。"乃皆上马。时骑不满六百，遂纵兵击，大破之，斩丑。良、丑皆绍名将也，再战，悉禽，绍军大震。公还军官渡。绍进保阳武。关羽亡归刘备。八月，绍连营稍前，依沙塠为屯，东西数十里。公亦分营与相当，合战不利。时公兵不满万，伤者十二三。绍复进临官渡，起土山地道。公亦于内作之，以相应。绍射营中，矢如雨下，行者皆蒙楯，众大惧，时公粮少，与荀彧书，议欲还许。彧以为"绍悉众聚官渡，欲与公决胜败。公以至弱当至强，若不能制，必为所乘，是天下之大机也。且绍，布衣之雄耳，能聚人而不能用。夫以公之神武明哲而辅以大顺，何向而不济!"公从之。孙策闻公与绍相持，乃谋袭许，未发，为刺客所杀。汝南降贼刘辟等叛应绍，略许下。绍使刘备助辟，公使曹仁击破之。备走，遂破辟屯。袁绍运谷车数千乘至，公用荀攸计，遣徐晃、史涣邀击，大破之，尽烧其车。公与绍相拒连月，虽比战斩将，然众少粮尽，士卒疲乏，公谓运者曰："却十五日为汝破绍，不复劳汝矣。"冬十月，绍遣车运谷，使淳于琼等五人将兵万余人送之，宿绍营北四十里。绍谋臣许攸贪财，绍不能足，来奔，因说公击琼等。左右疑之，荀攸、贾诩劝公。公乃留曹洪守，自将步骑五千人夜往，会明至。琼等望公兵少，出陈门外。公急击之，琼退保营，遂攻之。绍遣骑救琼。左右或言"贼骑稍近，请分兵拒之"。公怒曰："贼在背后，乃白!"士卒皆殊死战，大破琼等，皆斩之。绍初闻公之击琼，谓长子谭曰："就彼攻琼等，吾攻拔其营，彼固无所归矣!"乃使张郃、高览攻曹洪。郃等闻琼破，遂来降。绍众大溃，绍及谭弃军走，渡河。追之不及，尽收其辎重图书珍宝，虏其众。公收绍书中，得许下及军中人书，皆焚之。冀州诸郡多举城邑降者。初，桓帝时有黄星见于楚、宋之分，辽东殷馗善天文，言后五十岁当有真人起于梁、沛之间，其锋不可当。至是凡五十年，而公破绍，天下莫敌矣。

六年夏四月，扬兵河上，击绍仓亭军，破之。绍归，复收散卒，攻定诸叛郡县。九月，公还许。绍之未破也，使刘备略汝南，汝南贼共都等应之。遣蔡扬击都，不利，为都所破。公南征备。备闻公自行，走奔刘表，都等皆散。

七年春正月，公军谯……遂至浚仪，治睢阳渠，遣使以太牢祀桥玄。进军官渡。绍自军破后，发病欧血，夏五月死。小子尚代，谭自号车骑将军，屯黎阳。秋九月，公征之，连战。谭、尚数败退，固守。

八年春三月，攻其郭，乃出战，击，大破之，谭、尚夜遁。夏四月，进军邺。五月还许，留贾信屯黎阳。……八月，公征刘表，军西平。公之去邺而南也，谭、尚争冀州，谭为尚所败，走保平原。尚攻之急，谭遣辛毗乞降请救。诸将皆疑，荀攸劝公许之，公乃引军还。冬十月，到黎阳，为子整与谭结婚。尚闻公北，乃释平原还邺。东平吕旷、吕翔叛尚，屯阳平，率其众降，封为列侯。

九年春正月，济河，遏淇水入白沟以通粮道。二月，尚复攻谭，留苏由、审配守邺。公进军到洹水，由降。既至，攻邺，为土山、地道。武安长尹楷屯毛城，通上党粮道。夏四月，留曹洪攻邺，公自将击楷，破之而还。尚将沮鹄守邯郸，又击拔之。易阳令韩范、涉长梁岐举县降，赐爵关内侯。

五月，毁土山、地道，作围堑，决漳水灌城；城中饿死者过半。秋七月，尚还救邺，诸将皆以为"此归师，人自为战，不如避之"。公曰："尚从大道来，当避之；若循西山来者，此成禽耳。"尚果循西山来，临滏水为营。夜遣兵犯围，公逆击破走之，遂围其营。未合，尚惧，遣故豫州刺史阴夔及陈琳乞降，公不许，为围益急。尚夜遁，保祁山，追击之。其将马延、张颉等临阵降，众大溃，尚走中山。尽获其辎重，得尚印绶节钺，使尚降人示其家，城中崩沮。八月，审配兄子荣夜开所守城东门内兵。配逆战，败，生禽配，斩之，邺定。公临祀绍墓，哭之流涕；慰劳绍妻，还其家人宝物，赐杂缯絮，廪食之。初，绍与公共起兵，绍问公曰："若事不辑，则方面何所可据？"公曰："足下意以为何如？"绍曰："吾南据河，北阻燕、代，兼戎狄之众，南向以争天下，庶可以济乎？"公曰："吾任天下之智力，以道御之，无所不可。"九月……重豪强兼并之法，百姓喜悦。天子以公领冀州牧，公让还兖州。公之围邺也，谭略取甘陵、安平、勃海、河间。尚败，还中山。谭攻之，尚奔故安，遂并其众。公遗谭书，责以负约，与之绝婚，女还，然后进军。谭惧，拔平原，走保南皮。十二月，公入平原，略定诸县。

十年春正月，攻谭，破之，斩谭，诛其妻子，冀州平。……是月，袁熙大将焦触、张南等叛攻熙、尚，熙、尚奔三郡乌丸。触等举其县降，封为列侯。初讨谭时，民亡椎冰，令不得降。顷之，亡民有诣门首者，公谓曰："听汝则违令，杀汝则诛首，归深自藏，无为吏所获。"民垂泣而去；后竟捕得。夏四月，黑山贼张燕率其众十余万降，封为列侯。故安赵犊、霍奴等杀幽州刺史、涿郡太守。三郡乌丸攻鲜于辅于犷平。秋八月，公征之，斩犊等，乃渡潞河救犷平，乌丸奔走出塞。……冬十月，公还邺。初，袁绍以甥高幹领并州牧，公之拔邺，幹降，遂以为刺史。幹闻公讨乌丸，乃以州叛，执上党太守，举兵守壶关口。遣乐进、李典击之，幹还守壶关城。

十一年春正月，公征幹。幹闻之，乃留其别将守城，走入匈奴，求救于单于，单于不受。公围壶关三月，拔之。幹遂走荆州，上洛都尉王琰捕斩之。秋八月，公东征海贼管承，至淳于，遣乐进、李典击破之，承走入海岛。割东海之襄贲、郯、戚以益琅邪，省昌虑郡。三郡乌丸承天下乱，破幽州，略有汉民合十余万户。袁绍皆立其酋豪为单于，以家人子为己女，妻焉。辽西单于蹋顿尤强，为绍所厚，故尚兄弟归之，数入塞为害。公将征之，凿渠，自呼沲入泒水，名平虏渠；又从泃河口凿入潞河，名泉州渠，以通海。

十二年春二月，公自淳于还邺。……大封功臣二十余人，皆为列侯，其余各以次受封，及复死事之孤，轻重各有差。将北征三郡乌丸，诸将皆曰："袁尚，亡虏耳，夷狄贪而无亲，岂能为尚用？今深入征之，刘备必说刘表以袭许。万一为变，事不可悔。"惟郭嘉策表必不能任备，劝公行。夏五月，至无终。秋七月，大水，傍海道不通，田畴请为乡导，公从之。引军出卢龙塞，塞外道绝不通，乃堑山堙谷五百余里，经白檀，历平冈，涉鲜卑庭，东指柳城。未至二百里，虏乃知之。尚、熙与蹋顿、辽西单于楼班、右北平单于能臣抵之等将数万骑逆军。八月，登白狼山，卒与虏遇，众甚盛。公车重在后，被甲者少，左右皆惧。公登高，望虏阵不整，乃纵兵击之，使张辽为先锋，虏众大崩，斩蹋顿及名王已下，胡、汉降者二十余万口。辽东单于速仆丸及辽西、北平诸豪，弃其种人，与尚、熙奔辽东，众尚有数千骑。初，辽东太守公孙康恃远不服。及公破乌丸，或说公遂征之，尚兄弟可禽也。公曰："吾方使康斩送尚、熙首，不烦兵矣。"九月，公引兵自柳城还，康即斩尚、熙及速仆丸等，传其首。诸将或问："公还而康斩送尚、熙，何也？"公曰："彼素畏尚等，吾急之则并力，缓之则自相图，其势然也。"十一月至易水，代郡乌丸行单于普富卢、上郡乌丸行单于那楼将其名王来贺。

十三年春正月，公还邺，作玄武池以肄舟师。汉罢三公官，置丞相、御史大夫。夏六月，以公为丞相。秋七月，公南征刘表。八月，表卒，其子琮代，屯襄阳，刘备屯樊。九月，公到新野，琮遂降，备走夏口。公进军江陵，下令荆州吏民，与之更始。乃论荆州服从之功，侯者十五人，以刘表大将文聘为江夏太守，使统本兵，引用荆州名士韩嵩、邓义等。益州牧刘璋始受征役，遣兵给军。十二月，孙权为备攻合肥。公自江陵征备，至巴丘，遣张憙救合肥。权闻憙至，乃走。公至赤壁，与备战，不利。于是大疫，吏士多死者，乃引军还。备遂有荆州江南诸郡。

十四年春三月，军至谯，作轻舟，治水军。秋七月，自涡入淮，出肥水，军合肥。……置扬州郡县长吏，开芍陂屯田。十二月，军还谯。

十五年……冬，作铜雀台。

十六年春正月，天子命公世子丕为五官中郎将，置官属，为丞相副。太原商曜等以大陵叛，遣夏侯渊、徐晃围破之。张鲁据汉中，三月，遣钟繇讨之。公使渊等出河东与繇会。是时关中诸将疑繇欲自袭，马超遂与韩遂、杨秋、李堪、成宜等叛。遣曹仁讨之。超等屯潼关，公敕诸将："关西兵精悍，坚壁勿与战。"秋七月，公西征，与超等夹关而军。公急持之，而潜遣徐晃、朱灵等夜渡蒲阪津，据河西为营。公自潼关北渡，未济，超赴船急战。校尉丁斐因放牛马以饵贼，贼乱取牛马，公乃得渡，循河为甬道而南。贼退，拒渭口，公乃多设疑兵，潜以舟载兵入渭，为浮桥，夜，分兵结营于渭南。贼夜攻营，伏兵击破之。超等屯渭南，遣信求割河以西请和，公不许。九月，进军渡渭。超等数挑战，又不许；固请割地，求送任子，公用贾诩计，伪许之。韩遂请与公相见，公与遂父同岁孝廉，又与遂同时侪辈，于是交马语移时，不及军事，但说京都旧故，拊手欢笑。既罢，超等问遂："公何言？"遂曰："无所言也。"超等疑之。他日，公又与遂书，多所点窜，如遂改定者；超等愈疑遂。公乃与克日会战，先以轻兵挑之，战良久，乃纵虎骑夹击，大破之，斩成宜、李堪等。遂、超等走凉州，杨秋奔安定，关中平。诸将或问公曰："初，贼守潼关，渭北道缺，不从河东击冯翊而反守潼关，引日而后北渡，何也?"公曰："贼守潼关，若吾入河东，贼必引守诸津，则西河未可渡，吾故盛兵向潼关；贼悉众南守，西河之备虚，故二将得擅取西河；然后引军北渡，贼不能与吾争西河者，以有二将之军也。连车树栅，为甬道而南，既为不可胜，且以示弱。渡渭为坚垒，虏至不出，所以骄之也；故贼不为营垒而求割地。吾顺言许之，所以从其意，使自安而不为备，因畜士卒之力，一旦击之，所谓疾雷不及掩耳，兵之变化，固非一道也。"始，贼每一部到，公辄有喜色。贼破之后，诸将问其故。公答曰："关中长远，若贼各依险阻，征之，不一二年不可定也。今皆来集，其众虽多，莫相归服，军无适主，一举可灭，为功差易，吾是以喜。"冬十月，军自长安北征杨秋，围安定。秋降，复其爵位，使留抚其民人。十二月，自安定还，留夏侯渊屯长安。

十七年春正月，公还邺。天子命公赞拜不名，入朝不趋，剑履上殿，如萧何故事。马超余众梁兴等屯蓝田，使夏侯渊击平之。割河内之荡阴、朝歌、林虑，东郡之卫国、顿丘、东武阳、发干，钜鹿之廮陶、曲周、南和，广平之任城，赵之襄国、邯郸、易阳以益魏郡。冬十月，公征孙权。

十八年春正月，进军濡须口，攻破权江西营，获权都督公孙阳，乃引军还。诏书并十四州，复为九州。夏四月，至邺。五月丙申，天子使御史大夫郗虑持节策命公为魏公。……秋七月，始建魏社稷宗庙。天子聘公三女为贵人，少者待年于国。九月，作金虎台，凿渠引漳水入白沟以通河。冬十月，分魏郡为东西部，置都尉。十一月，初置尚书、侍中、六卿。马超在汉阳，复因羌、胡为害，氐王千万叛应超，屯兴国。使夏侯渊讨之。

十九年春正月，始耕籍田。南安赵衢、汉阳尹奉等讨超，枭其妻子，超奔汉中。韩遂徙金城，入氐王千万部，率羌、胡万余骑与夏侯渊战，击，大破之，遂走西平。渊与诸将攻兴国，屠之。省安东、永阳郡。安定太守毌丘兴将之官，公戒之曰："羌、胡欲与中国通，自当遣人来，慎勿遣人往。善人难得，必将教羌、胡妄有所请求，因欲以自利；不从便为失异俗意，从之则无益事。"兴至，遣校尉范陵至羌中，陵果教羌，使自请为属国都尉。公曰："吾预知当尔，非圣也，但更事多耳。"三月，天子使魏公位在诸侯王上，改授金玺、赤绂、远游冠。秋七月，公征孙权。初，陇西宋建自称河首平汉王，聚众枹罕，改元，置百官，三十余年。遣夏侯渊自兴国讨之。冬十月，屠枹罕，斩建，凉州平。公自合肥还。十一月，汉皇后伏氏坐昔与父故屯骑校尉完书，云帝以董承被诛怨恨公，辞甚丑恶，发闻，后废黜死，兄弟皆伏法。十二月，公至孟津。天子命公置旄头，宫殿设钟虡。……置理曹掾属。

二十年春正月，天子立公中女为皇后。省云中、定襄、五原、朔方郡，郡置一县领其民，合以为新兴郡。三月，公西征张鲁，至陈仓，将自武都入氐；氐人塞道，先遣张郃、朱灵等攻破之。夏四月，公自陈仓以出散关，至河池。氐王窦茂众万余人，恃险不服，五月，公攻屠之。西平、金城诸将麹演、蒋石等共斩送韩遂首。秋七月，公至阳平。张鲁使弟卫与将杨昂等据阳平关，横山筑城十余里，攻之不能拔，乃引军还。贼见大军退，其守备解散。公乃密遣解㑻、高祚等乘险夜袭，大破之，斩其将杨任，进攻卫，卫等夜遁，鲁溃奔巴中。公军入南郑，尽得鲁府库珍宝。巴、汉皆降。复汉宁郡为汉中；分汉中之安阳、西城为西城郡，置太守；分锡、上庸郡，置都尉。八月，孙权围合肥，张辽、李典击破之。九月，巴七姓夷王朴胡、賨邑侯杜濩举巴夷、賨民来附，于是分巴郡，以胡为巴东太守，濩为巴西太守，皆封列侯。天子命公承制封拜诸侯守相。冬十月，始置名号侯至五大夫，与旧列侯、关内侯凡六等，以赏军功。十一月，鲁自巴中将其余众降。封鲁及五子皆为列侯。刘备袭刘璋，取益州，遂据巴中；遣张郃击之。十二月，公自南郑还，留夏侯渊屯汉中。

二十一年春二月，公还邺。三月壬寅，公亲耕籍田。夏五月，天子进公爵为魏王。代郡乌丸行单于普富卢与其侯王来朝。天子命王女为公主，食汤沐邑。秋七月，匈奴南单于呼厨泉将其名王来朝，待以客礼，遂留魏，使右贤王去卑监其国。八月，以大理钟繇为相国。冬十月，治兵，遂征孙权，十一月至谯。

二十二年春正月，王军居巢，二月，进军屯江西郝谿。权在濡须口筑城拒守，遂逼攻之，权退走。三月，王引军还，留夏侯惇、曹仁、张辽等屯居巢。夏四月，天子命王设天子旌旗，出入称警跸。五月，作泮宫。六月，以军师华歆为御史大夫。冬十月，天子命王冕十有二旒，乘金根车，驾六马，设五时副车，以五官中郎将丕为魏太子。刘备遣张飞、马超、吴兰等屯下辩；遣曹洪拒之。

二十三年春正月，汉太医令吉本与少府耿纪、司直韦晃等反，攻许，烧丞相长史王必营，必与颍川典农中郎将严匡讨斩之。曹洪破吴兰，斩其将任夔等。三月，张飞、马超走汉中，阴平氐强端斩吴兰，传其首。夏四月，代郡、上谷乌丸无臣氐等叛，遣鄢陵侯彰讨破之。……秋七月，治兵，遂西征刘备，九月，至长安。冬十月，宛守将侯音等反，执南阳太守，劫略吏民，保宛。初，曹仁讨关羽，屯樊城，是月使仁围宛。

二十四年春正月，仁屠宛，斩音。夏侯渊与刘备战于阳平，为备所杀。三月，王自长安出斜谷，军遮要以临汉中，遂至阳平。备因险拒守。夏五月，引军还长安。秋七月，以夫人卞氏为王后。遣于禁助曹仁击关羽。八月，汉水溢，灌禁军，军没，羽获禁，遂围仁。使徐晃救之。九月，相国钟繇坐西曹掾魏讽反免。冬十月，军还洛阳。孙权遣使上书，以讨关羽自效。王自洛阳南征羽，未至，晃攻羽，破之，羽走，仁围解。王军摩陂。

二十五年春正月，至洛阳。权击斩羽，传其首。庚子，王崩于洛阳，年六十六。……谥曰武王。二月丁卯，葬高陵。

评曰：汉末，天下大乱，雄豪并起，而袁绍虎视四州，强盛莫敌。太祖运筹演谋，鞭挞宇内，揽申、商之法术，该韩、白之奇策，官方授材，各因其器，矫情任算，不念旧恶，终能总御皇机，克成洪业者，惟其明略最优也。抑可谓非常之人，超世之杰矣。（参考中华书局版《魏晋南北朝文学史参考资料》、《三国志》中的《武帝纪》节录，为方便阅读，保留了原点校本人名、地名下加的专名线"＿＿＿"，书名下加的波浪线"﹏﹏"。）

# 后 记

　　学习古诗文一般先要清除文字障碍，弄懂语句的准确意思，然后才能进一步发现诗文的佳处，欣赏诗文的美妙。基于此，本书每篇诗文后的解析文字分为"译注"与"鉴赏"两部分，前者解决阅读中可能存在的问题，后者重在引导读者如何赏析作品。"译注"中原句翻译以直译为主，同时注重传达诗人的意图、情感和语境。考虑到诗句押韵、工整等特点，有的译文没有与原作字词一一对应，有的原词语简明易懂，直接予以保留。"译注"中的注释主要解释疑难的字词、典故和诗中化用前人作品的词语，对不同版本中的异文也尽可能标出。"鉴赏"部分力图运用现代修辞学各种修辞手法，如比喻、拟人、排比等，对诗文的语言特色进行分析，多角度地鉴赏作品。鉴赏重视古人对作品的评价，尽量引用古人的经典评语，并结合论述，深化对作品的分析。

　　本书在遴选诗文时，《曹操卷》以《曹操集》（中华书局

2012 年版）和余冠英选注《三曹诗选》（中华书局 2012 年版）为底本，《曹丕卷》以林久贵、胡涛编著《曹丕全集》（崇文书局 2021 年版）和余冠英选注《三曹诗选》（中华书局 2012 年版）为底本，《曹植卷》以赵幼文校注《曹植集校注》（中华书局 2018 年版）和余冠英选注《三曹诗选》（中华书局 2012 年版）为底本，并参考了河北师范学院中文系古典文学教研组编《三曹资料汇编》（中华书局 1980 年版）、张可礼编著《三曹年谱》（齐鲁书社 1983 年版）、傅亚庶注译《三曹诗文全集译注》（吉林文史出版社 1997 年版）、张可礼和宿美丽编选《曹操曹丕曹植集》（凤凰出版社 2014 年版）、陈庆元撰《三曹诗选评》（上海古籍出版社 2018 年版）、李景华主编《三曹诗文赏析集》（巴蜀书社 1988 年版）等书，吸收了这些著作中某些研究成果，限于体例，未一一注明，在此一并致谢。

安徽人民出版社对本书的出版给予了大力支持，在此深表谢忱。

由于本人学识水平限制，本书肯定还存在不少疏漏甚至错误之处，恳请专家和读者不吝赐教。

2024 年 12 月